国家出版基金项目
NATIONAL PUBLICATION FOUNDATION

曾松友◎著

中國原始社會之探究

山西出版傳媒集團
山西人民出版社

圖書在版編目(CIP)數據

中國原始社會之探究 / 曾松友著. -太原: 山西人民出版社, 2014.12
(近代名家散佚學術著作叢刊 / 許嘉璐主編)
ISBN 978-7-203-08868-4

Ⅰ. ①中… Ⅱ. ①曾… Ⅲ. ①原始社會-研究-中國 Ⅳ. ①K210.7

中國版本圖書館CIP數據核字(2014)第289748號

中國原始社會之探究

主　　編　許嘉璐
著　　者　曾松友
責任編輯　梁晉華
助理編輯　張　潔

出 版 者　山西出版傳媒集團·山西人民出版社
地　　址　太原市建設南路21號
郵　　編　030012
發行營銷　0351-4922220　4955996　4956039
　　　　　0351-4922127(傳真)　4956038(郵購)
E-mail　sxskcb@163.com　發行部
　　　　sxskcb@126.com　總編室
網　　址　www.sxskcb.com

經 銷 者　山西出版傳媒集團·山西人民出版社
承 印 廠　山西出版傳媒集團·山西人民印刷有限責任公司

開　　本　700mm×970mm　1/16
印　　張　12
字　　數　96千字
印　　數　1—3000册
版　　次　2014年12月　第1版
印　　次　2014年12月　第1次印刷
書　　號　ISBN 978-7-203-08868-4
定　　價　26.00圓

《近代名家散佚學術著作叢刊》編委會

出版說明

近代名家散佚學術著作叢刊選取一九四九年以後未再刊行之近代名家學術著作共一百二十册，編例如次：

一、本叢書遴選之著作在相關學術領域具有一定的代表性，在學術研究方向、方法上獨具特色。

二、爲避免重新排印時出錯，本叢書原本原貌影印出版。影印之底本皆經專家組審定，原書字體大小，排版格式均未做大的改變，原書之序言、附注皆予保留。

三、本叢書分爲八大類，以作者生卒年編次。

四、爲使叢書體例一致，本叢書前言後記均采用繁體字排版。

五、個别頁碼較少的版本，爲方便裝幀和閲讀，進行了合訂。

六、少數學術著作原書内容有個别破損之處，編者以不改變版本内容爲前提，部分進行修補，難以修復之處保留缺損原狀。

七、原版書中個别錯訛之處，皆照原樣影印，未做修改。

八、所選版本之抽印本頁碼標注，起始至所終頁碼均照原樣影印，未重新編排標注新頁碼。

由於叢書規模較大，不足之處，殷切期待方家指正。

總序／

披沙瀝金，以爲鏡鑒

◇許嘉璐

多年來有一個問題始終在我腦中盤桓：爲什麽在十九世紀末到二十世紀初，在短短的幾十年裏，中國的各個學術領域竟涌現了那麽多大師級的人物？這是中國近代史上一個極爲重要的現象，我認爲，如果不能給出令人滿意的答案，我們撰寫的近代學術史將是不完整的，甚至是缺乏靈魂的。後來我知道，著名人類學家克羅伯曾提出過一個問題：爲什麽天才成群地來？看來這種現象的出現並非中國所獨有，思考其所以然的也大有人在。而在那一次世紀之交中國的情況，似乎應驗了「天才成群地來」這個令克氏久久不解的疑問。錢學森先生曾從相反的方向提出了相同的疑問：爲什麽我們這個時代出現不了杰出人才？後來人們稱這個問題爲「錢學森之謎」。

要回答這些疑問不是件容易的事。與其迅速地囫圇地探尋，不如先多了解那些讓中國近代學術（應該包括人文科學和自然科學）史上閃耀着光輝的大師們的作品和自述，從而在腦海里盡量「復原」他們所處的環境和在那種環境下的心理路徑，從中或許可以得到一些啓示。

有一點是顯然的，這就是他們雖然都已遠離塵世而去，但是他們獨立思考的品性、求知治學的真誠、困厄窮愁中對節操的堅守，恐怕是他們共同的主觀因素，一直影響到現在，而且將會永遠留存下去。

就思想界、學術界而言，二十世紀上半葉是一個新説和舊説碰撞，中學和西學融匯的大時代。那時的學人極爲重視言行操守，同時具備現代知識分子的理想信念；他們的學術研究十分純净，絶少功利因素；他們的視界開闊，以包容的心態和嚴謹的風格造就了成果的大氣與厚重。至於在客觀因素一面，他們實際是在用工業化時代的事實解説着太史公所説的名山之作「大抵聖賢發憤之所爲作」，困厄苦難使得他們「皆意有所鬱結」。這種鬱結，幾乎和個人的名利毫無牽涉，他們永遠不能釋懷的，是民族的存亡、國運的興衰、民衆的福禍和文脈的續斷。

那個時代也是近代歷史上最大規模的中西古今學術調適、創新的時期，學術方法上的交互滲透和融合、創新亦可謂「於斯爲盛」。斯時之學人是要在封閉的屋墻上鑿出窗子的勇士，是使人能够看看外部世界的第一批導夫先路者；或者可以説，他們是在「意有所鬱結」時「彷徨」和「吶喊」的「狂人」。

相對於那時的哲人們，後來者是幸運兒。現在的形勢是，近三十年來學界空前繁榮，衆多學科有了長足之進，其中很重要的一點是學界有了更新穎、更廣闊的國際視野，似乎接續上了百年前的學壇盛事。但細想想，「古」與「今」還是有差别的。其异，主要不在於世界情勢、學術進展、工具改善這些客觀存在，而在於在廣泛吸收各國優長的同時，自身文化的主體性越來越受到重視，换言之，「拿來主義」已經延長了「拿來」的程序，加上了試用、甄别、篩選、吸收、融合、成長。就我孤陋所見，在當今地球上，面向所有異質文明，努力汲取我之所缺，其範圍之大和心態之切，似乎無出中國之右者。從這個角度説，我們已經超越了前輩。但是事情還有另外一面，學術，特别是人文學科，其職業化、「沙龍化」和功利性，以及隨之而來的浮躁病却嚴重了。從這個角度説，是不是我們已經後退得够可以的了？而這是不是我們這個時代出不了大師的原因之一呢？

民國學術界的特點之一是極爲注重對傳統的反省、批判與繼承。他們對傳統文化盡最大的努力進行整理和研究。一方面，由於戰亂頻仍，民不聊生，學者們擔起了讓中華文化薪火相傳的歷史責任；另一方面，他們要通過對中國傳統文化的整理、挖掘來重振民族自信心。這一時期對傳統文化進行整理的全面而深入是前所未有的，舉凡文字學、語言學、經濟學、法學、哲學、政治制度、書法繪畫、金石學……規模之宏大，研究之精微，令人嘆爲觀止。

民國學術推動了現代學科體系的建立。在對傳統文化整理和研究的基礎上，吸收西方的文化思想和理念，推動和建立了中國現代學科體系。例如，在對語言文字和音韻學成果進行整理、研究的基礎上開始着手規範之，建立了國語學；深入研究書法、國畫，將其融入了現代美術學科；在廢除舊有學制後逐步建立起小、中、大學較完整的科目和學科體系。

民國學術也改變了傳統學術方式，建立了新的研究範式。以現代科學考古爲發端，科研的實踐和成果使中國知識界真正認識到在實驗、比較基礎上的邏輯分析對學術研究的重要，推進了中國學術的一大演變。至於我們常説的打破士大夫傳統、走出書齋到田野鄉村和市民中進行調查研究、結束了經學時代、以歷史眼光檢視儒學和諸子等等，都是確立新學術範式的努力。這一轉變，也標誌着中國學術界脱胎换骨，全面進入了現代，爲此後的學術發展奠定了堅實的基礎。當然，西方啓蒙運動以來，在「現代性」和「現代化」裏潛伏着的缺陷和謬誤也傳到了中國，這些不能不在前哲的著作裏留下痕迹。這並不奇怪。類似的情況，古往今來孰能免之？猶如今天的我們，誰敢自稱我之所見就是永恒的真理？在這個問題上兩個時代所異者，或許就在昔時大家創立新説或譯註西學著作，往往是懷着對學術和前哲的敬畏而爲之，故而常常誤不在我；當今則往往出於對學問和他人的輕蔑，或以所研究的對象爲謀己的工具，因而難辭主觀之咎吧。翻閲他們的心血之作，這些復雜的狀況可以顯見，可以視之爲我們的一面鏡子。

滄海桑田，世事變幻，歷史的動盪和時代的遮蔽，使當年許多大師的一些極有價值的學術著作被棄於故紙堆中，不能不令人有遺珠之憾。爲此，山西人民出版社不惜以數年之艱辛，披沙瀝金，編輯出版這套近代名家散佚學術著作叢刊，凡一百二十册，計文學、史學、政治與法律、美學與文藝理論、民族風俗、宗教與哲學、經濟、語言文獻共八大類別。所選皆爲作者之純學術著作，無論是其見解、精神，抑或是其時代烙印，都是後輩學人可資借鑒的寶貴財富。他們出版這套叢書，意在讓世人不忘來程，知篳路藍縷之不易，爲民族文化的傳承再增薪木。

出版社的初衷，與我近年來所思所慮近似，故願略述淺見於書端，以與策劃者、編輯者和讀者共勉。

二〇一四年七月六日

改定於自安東回京途中

前言

◇王繼軍

一切歷史都是當代史，人類歷史具有延續性，現實之中包含着歷史的因素，割不斷的傳統深刻地影響着當代社會；歷史可以從當代的角度去發現和解讀，當代所面臨的現實問題，促使我們去追尋它形成的根源，去叩問前人的智慧，以資借鑒。在平静緩慢、綿延不絶的歷史長河中，總有那麽一些波瀾壯闊、起伏跌宕的時期，它們所孕育的巨大轉折價值和意義深深地影響着後來者。近代中國社會經歷了亘古未有的大變革。就經濟而言，傳統的自然經濟結構受到衝擊，資本主義因素的工商業在經濟體係中佔據越來越重要的地位；在政治上，帝制衰敗，共和肇興；在法律方面，傳統的法律典章再也不能够適應富强、民主、自由、科學的社會需要，西法東漸，勢不可擋；在文化和學術上，東西文化的碰撞、交流與融合，使得發現新資料、運用新方法、創造新範式、提出新思想成爲可能。中國近百年的歷史可以説是一個從傳統社會轉向現代社會的歷史。

開放的思想是人類理性挑戰愚昧的鋭器，自由的學術是世界邁向理想社會的階梯。一代學人以他們廣博的學識、獨立的品格、創造的思維、勤奮的勞動，推出燦若繁星而又堅實厚重的學術成果，爲時代提供智慧的啓迪和思想的指引，以一種獨特的方式積極參與到社會變革的偉大歷史進程來。學術的力量是長久和巨大的，學者的貢獻是不應該被忘記的。

本叢刊政治與法律部分，輯録了于佑虞、聞亦博、曾松友、宋希庠、楊德森、常乃悳、瞿同祖、王振先、熊理、朱章寶、蔡樞衡、趙鳳喈、陳顧遠、郭箴一等名家散佚的論著，其中涉及社會形態、政治制度的歷史與學説、中國古代的倉儲、糧政、勸農、海關、婚姻等制度、婦女問題以及中國法律之精神與法律現象變遷等諸多方面的重要論題。這些論著具有資料豐富、考證翔實和「思他人所未思，言他人之未言」的共同特徵，又在方法、結構、風格方面展現出摇曳多姿的形態。有的長於叙事，爬梳整理，去僞存真，娓娓道來；有的善於思辨，歸納演繹，比較剖析，鞭辟入裏；有的體大思精，在宏大的架構中闡説精妙的見解；有的以小見大，於細微處見精神。這些論著無疑成爲中國學術史上的瑰寶。

閲讀是一種交流，研習先輩學人的著作，就仿佛與杰出的心靈展開了一場穿越時空的對話；閲讀是一種沉思，浸潤於那些深邃的思想裏，使我們得以忘却外部的喧囂與繁華；閲讀是一種旅行，我們汲取歷史的滋養，再向更遠處出發。

是爲序。

作者簡介

曾松友，生平不詳。

林序

中國古史的研究可以分爲三個時期：最初是附會時期如通鑑前編繹史等書，凡述及上古之處，大都爲荒唐的神話。次之爲懷疑時期如崔述考信錄以至於顧頡剛的古史辨，大都致力於指斥古書的謬說。第三期則爲重新發見的時代，由地下古物的發掘（考古學），原始文字（龜甲文）的探究，輔以現存原始文化比較研究（文化人類學），此後必能將我國古代的人類及文化的眞相逐漸發現出來。現在可以說已經踏上了第三期的大路，近年來史前遺址及遺物陸續發現，雖還是東鱗西爪，未能即窺古代歷史的全豹，但也很可以暴露眞像的一斑，勝於以前瞎說多多了。可惜敍述這些發現的只有那些零零碎碎的報告或短篇論文，每篇都各自爲政，不相聯絡，這原是專門報告的性質不能怪他們，但在智識的傳播上卻不能以此爲足，而需要另一種的著作。普通人所需要的是綜合敍述簡明有趣的讀物，這種讀物如寫得好，其價值也不在一本專門報告之下。

松友此書很可以供給上述讀物之用，據我看此書有三種優點：

（一）材料方面一本綜合研究的書很不容易寫，因爲那些原是散漫不相謀的，甚或互相矛盾的，綜合的人很要費一番心力把他們編派整理得條理整然，成爲一個系，方算成功。這本書很有這種好處。

（二）理論方面：一本綜合研究的書若只把材料綜合敍述，也還不算完美，除此以外，還須能自出心裁發見新的解釋，提出假說，方算有價値，這書中常有論斷，頗有這種精神。

（三）方法方面：這本書所用的方法很完備，其材料的來源得力於考古學，解釋的暗示出自人類學及社會學，還有古書的考據，唯物辯證法都被取來利用，工具不局於一方面。

總之這本書在敍述方面也很可供專家的參考；在方法上尤其是一種新的嘗試，無論如何，其成績總是一種新產物。

林惠祥識，　六，二十，一九三三。

自序

對於中國原始社會之探究，在現在可謂最重要而又極難解決的問題，但我們決不能由此而就把這個問題擱起，相反的，我們更要把這個問題趕快提出來，希望對於原始社會之實情有一個正確的和明晰的解答。

然而，從來對於中國原始社會之探究，在過去完全依附於古史的記載，這樣，除了極少部份較爲正確外，大多數的記載都是神話性的，反科學的。我們如果要避免這種錯誤，惟一的方法，便是要依據考古的材料來作探究之基礎。

本書的出發點，在將十餘年來的考古成績作一個系統的說明，尤其着重原始藝術與工具之分析來作展望原始社會的根據。

本書著作時，蒙厦大哲學系主任陳定謨先生幫助搜集材料，完成後由張鏡予先生校閱一遍，復得林惠祥先生加以正確的批評，使有些錯誤的地方得以改正。本書之得以早日完成，大半是靠他們的助力，這是作者非常感謝的。

目次

第一章　緒論……一
第一節　研究之目的……一
第二節　研究之困難……五
第三節　研究之方法……七
第二章　北京猿人是否爲漢族直接祖先考……一二
第一節　猿人之發現與失環問題……一二
第二節　北京猿人之發現……一七

第三節　北京猿人是否爲漢族之直接祖先……二〇
第三章　漢族在原始時代遷移之階段……二六
第一節　種族起源地之討論……二六
第二節　華人第一次遷移……二八
第三節　華人第二次遷移……三〇
第四節　華人第三次遷移……三三
第五節　華人第四次遷移……三五
第四章　原始社會發展之階段……三七
第一節　始石器時代……三七
第二節　舊石器時代……三九

第三節　新石器時代……四二
第四節　銅器時代……四五
第五章　中國始舊石器時代之討論……五〇
第六章　中國新石器時代……五四
第一節　中國新石器時代之遺址……五四
第二節　新石器時代中國之文化區域……五七
第三節　新石器時代漢族文化與其他種族文化之關係……六一
第四節　新石器時代之經濟生活……七〇
第五節　新石器時代之社會制度……七三
第六節　新石器時代之意識形態……八三

第七章　中國銅器時代……八七
第一節　銅器之分佈……八七
第二節　銅器底時代的討論……九二
第三節　銅器時代之文化接觸……九七
第四節　經濟生活……一〇〇
第五節　社會制度……一〇五
第六節　意識形態……一一三
第八章　中國原始藝術……一二二
第一節　緒言……一二三
第二節　藝術區域及其遷移……一二六

第三節　新石器時代之藝術……一三四
第四節　石銅兼用時代之藝術……一四三
第五節　銅器時代之藝術……一四六
第九章　結論……一五二

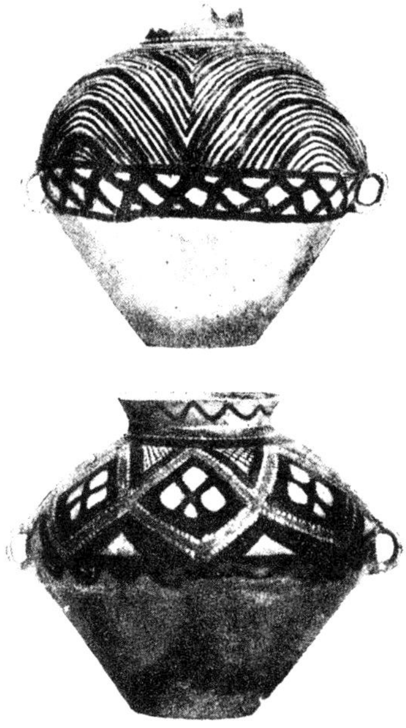

中國新石器時代之陶器（I）陶甕
（甘肅出土）

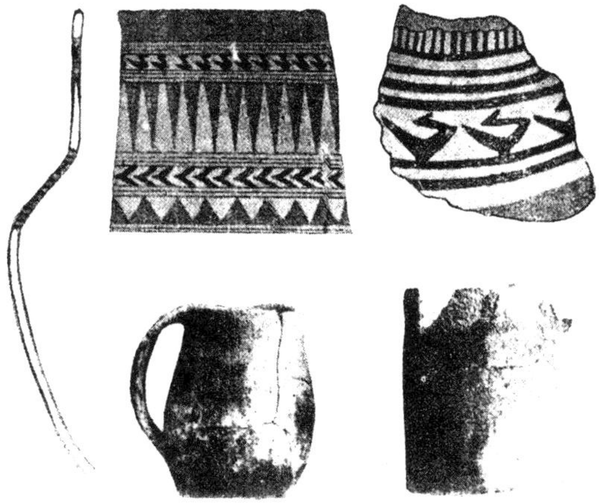

（II）陶器及陶片（甘肅出土）

(III)陶片(河南秦王寨出土)

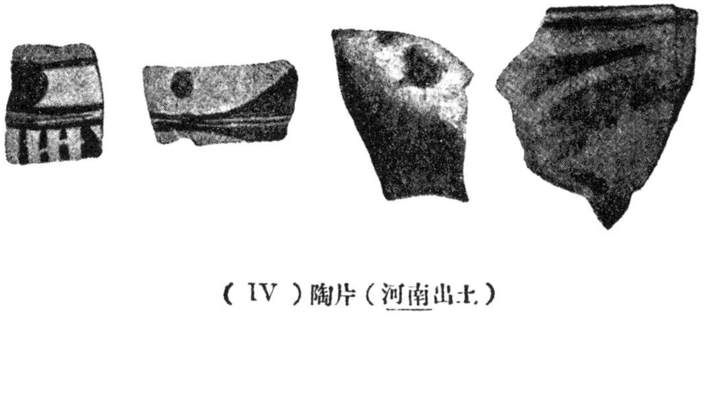

(IV)陶片(河南出土)

新石器時代之骨器（遼寧出土）

銅器時代之銅器（Ⅰ）卣

（II）爵

（III）鼎

中國原始社會之探究

第一章　緒論

第一節　研究之目的

對於中國社會史之研究，到現在的確轉換了一個新的動向。

舊的「整理」底工作，早就已經沒落了，然而，「批判」底時代，也跟着漸漸的過去；但這並不是說，現在就不需要科學的批判，不過，批判的工作，已經做到了破壞的階級，雖然沒有完全盡了牠底時代的責任，然而，我們却不能停留在這裏，現在，是我們重新整理的時代，換言之，現在應當是「否定的否定」——即重新的綜合底時代了。

社會是依着辯證法的發展的，自然，文化也是一樣。我們要加重新的發展，當然我們先要把握新的動向。

然而，新的動向底把握却不是一件容易的事！

這並不是說謊，只要我們能把眼睛放遠一點，便能夠得到共通的結論。祇要我們能夠從出版界、學術界、展望一下，便知道舊的、曲解的、非科學的史書，依然是「汗牛充棟！」所以，現在依然是要完成批判的階梯，但是除了批判以外，更重要的還是重新的整理，因爲只有新的「合，」始能把舊的、曲解的、非科學的根蒂完全剷除。因此，目前要加重我們新的整理底工作。

「新的整理」當然不是今天纔開始，在「批判」的時代中就植下了牠的種子，郭沫若的中國古代社會研究便是這個典型。不過，這一年來更形發展，更形普遍罷了。然而，這新的「合」却沒有得到偉大的成果，到現在依然附屬於「批判」的領域中，所以，我們要加重這個責任的負擔，至少，要把整個的動向展開過來。

中國社會史的論戰，近數年來的確支配了整個的出版界，無論在量的方面或在質的方面，較之其他科學都勝一籌，這是值得讚美的，然而，這却不是我們的終點，相反的，我們更要利用這個基礎，來掀起更優美的、更偉大的新底開展。

對於原始社會與文化之研究，在這近世紀中並不算少，其中應當以羅維（Lowie）的原始社會（Primitive Society），高登魏塞（Goldenweiser）的早期文化（Early Civilization），及一八七七年出版的摩爾根（Lewis Henry Morgan）底古代社會（Ancient Society），爲最有系統，但他們的研究却不是局限於某一種族的、某一文化的，凡是現存的原始社會，却盡量地把牠搜集過來，而對於中國的原始社會却依然是莫明其妙，卽就吾國近數年來對於社會史的爭論，亦很少人說到原始社會，這的確是一個爭論界的缺點，所以，本書之作在補充這一個空額，此其一。

史後社會與史前社會是不能分開的，不只是不能分開，而且史後的文化完全是建築於史前文化之上，換言之，史後的社會是從史前的社會累積起來的，沒有史前的文化，自然絕對地也沒有史後的文化，所以，本書之作在建造歷史的全部及其連鎖性，此其二。

不但此也，而且史前的社會，在時間上，也數十倍於史後的社會，在我國有史的記載，到現在止，據吾人所知道的最早都還在殷代，而且殷代所有的文字都還是離繪畫文字不遠，今就從殷代數起，至今也不過四千年的左右，然而我國的文化以新石器開始爲標準的話，也差不多兩倍於有史的記載難道這悠長的歷史階段，我們不把牠建築起來麽？所以本書之作，在擴大中國的歷史領域，此其三。

原始的文化，各民族大致相同，然而，彼此間的演進底階段在時間上是有差異的，這原因，一方面自然是受了地理環境的限制，但是其最大的原因的，還是文化本身的結果；因爲沒有優美的文化累積，也就決不會產生出更優美的文化出來，沒有十九世紀的文化累積，自然是不會有更優美的二十世紀的文化。問題是：中國社會演進的階段，是否和其他民族一樣？這，當然是值得我們研究的，所以，本書之作，在說明中國原始社會發展之階段性，此其四。

總之，爲了要完成新的整理，至少，要把新的動向很快的轉移過來，這個工作是少不得的，而且正需要這個工作的完成。

中國原始社會之探究，毫無疑義地是這個動向中的產物。這個初出母胎的人，自然是非常柔弱的，然而牠却負有重大的使命，這個使命之完成，應當是靠大家的努力，因爲牠只有在人們的努力中，纔能發育滋長。

小孩已經出世了，將來怎樣，是受決於新底動向之推動者，我希望從牠出世之後，能够引起人們特殊的注意。

第二節　研究之困難

對於中國原始社會史的研究，却又比什麽都來得困難，研究有史記載的社會都是如此，研究史前的社會更是如此！

中國的史料雖是「浩如煙海，」然而，那種文獻多數是靠不住的，漢代以前是如此，漢代以後的記載更是令人發生神祕的感覺，這個「神祕」的結果，遂產生成千成萬底曲解的、附會的、乖謬的、非科學的史書，現在，神祕的銀幕依然神祕地蓋着，這的確是中國史學界的一個瑕點。

依賴有史的記載來研究有史的社會都是如此，那嗎，要來研究中國的史前社會，其困難自然是不可言狀了。如果依賴古書的傳說來探究史前的社會，中間雖有很微小的部份是正確的，然而，大多數都是沾着乖謬的顏色，所有的，不是令人神秘便是令人笑煞。因此，要依據牠來研究中國的原始社會，事實上是不可能的。

至於各國的記載，也不過附會的居多，不是依據我國古史上的傳說，便是依據我國留學生的口授，像這樣的記載，至多也不過可以當茶餘飯後談談的資料，如果我們要來依據他們的記載來說明中國的社會，結果也不過五十步與百步之比，不，或者還更令人笑煞。

原始社會或史前社會其特點在沒有文字的記載，就有也是非常可憐，因此，我們不能不利用實物的考據。

實物的考據本來是最靠得着的方法，也是唯一的方法，因爲根本上就沒有文字來讓你咀嚼，然而，這却是一件最困難的事！

研究中國的原始社會，不能夠和研究現代各民族的原始社會一樣的可以親身考察、體會以及加以詳細的解剖，我們只能夠利用現在曾經發現的所有石器、陶器、骨器、以及人骨化石來探究當時的社會情況，及民族遷移的狀態。但是，不幸的便是我國考古的成績依然是非常薄弱，所採掘的工具都寥若晨星，嚴格地說來，還不夠我們的研究，所以，現在要利用工具來探究中國古代社會，依然是會感覺困難的。

但是，我們來不及等待，我們要加重新的發展，對於這個工作是不能少的。現在，就依據已經發現了的工具來加以剖解，來分析當時的文化爲基礎，同時，適合於原始社會的物質的條件底古書上所傳說的記載，我們也不能完全擯棄，另一方面，也要借助於現在的蠻族文化，來作解剖我國原始社會的借鏡，然而，這些的應用決不是亂用，而是要根據採掘出來的工具底分析來決定應用的內容及範圍的。

第三節　研究之方法

本書爲中國原始時代的社會，所以其研究的方法不能與有史時期盡同，其方法約有下列數種：

（一）考古學的方法——這個方法爲研究原始社會最重要的方法。牠的特點：第一、在確定實物之年代，利用這個方法又必須與地質學發生很大的關係，例如地層之第四紀洪積世距今大約有一百萬年，而在該土層中發現了爪哇猿人，則我們可以確定爪哇猿人的出現距今應有一百萬年了。第二個特點，在確定種族接觸之關係，例如安特生（Dr. J. G. Andersson）在甘肅發掘的時候，發現了一百廿具人骨中間有三個外族的人骨，在這裏，我們就可以證實我國新石器時代在甘肅曾經有過和外族接觸，同時也可以證明那時的文化和其他文化發生過有很大的關係。第三、在確定社會的、文化的階段，比方我國在河南發現了很多的人骨，在人骨的旁邊有新石器，陶器，骨器，及喪葬之風，因此，我們便可以證明河南在新石器時代有製造石器，陶器，骨器，及喪葬親人之風俗。

（二）人類學之方法——這個方法有二種，一個是體質人類學的，一個是文化人類學的，前者在確定人骨化石之特徵，並藉此可以探究種族上的血統關係；後者在確定當代文化模式；這兩個相較後者實比前者重要。

文化人類學之方法，其特點又可分爲數種：第一、在分析文化之階段，例如，我國在河南一帶發現了很多石器，而石器各方面都磨擦得很調和，極爲相配與對稱，因此，我們就可以證明那種石器爲新石器，同時也可以推論到附近所發現的陶器，骨器，也是新石器時代的產物，至少在新石器時代還用過這個用器。第二、在確定當時的文化特質複體（Culture-trait-complex），例如，我們在石器時或陶器中有幾何體的繪畫紋樣，或在各種用器中繪着或刻有圖騰的符號，則我們便可確定，那時是有幾何體的藝術，圖騰崇拜與圖騰社會的存在。第三、在確定文化區域（Cultural area），例如，我國在遼寧與河南所發現的石器，其形式多數相同，陶器的形式及其紋樣也極爲近似，則我們可以證明那時的遼寧河南的文化區域是相同的。第四、在確定文化中心及文化邊境（Culture-center and marginal area），例如，我國新石器末期，甘肅所採掘的陶器，其彩色花紋，非常美麗可愛，其他裝飾品亦極精細，而河南的並沒有這樣進步，所以，我們可以決定新石器的文化中心在甘肅而不在河南，而河南則近於邊境的地帶，然而，到了銅器時代，便移到河南一帶去了，而甘肅則漸變爲文化的邊境地帶。以上的舉例，不過就大概而言，嚴格說來，須分析文化的特質始可決定，因爲，確定文化中心與邊境的地帶是研究原始社會或文化最複雜而又最困難的事體。

（三）唯物辯證法——上面兩種方法在確定原始社會的時代與分析文化的內容，而唯物辯證法則在說明原始文化的演變，及其演變的原動力。

我們承認人類的社會是建築於經濟之上。而經濟的水平又受生產工具所決定。因此，生產工具之變革，會使生產力與舊的生產關係發生衝突，這一衝突，必然地會引起上層建築如制度及意識形態之變動，直至上層建築的轉化能夠適應下層建築爲止，社會始能復原，而向新的發展。但到了某一個時候生產力與生產關係又發生衝突了，因而又使整個的社會發生解體的作用，直到更新的制度得到統治的勢力以後。社會又重新的回復到繁榮的時代去。所以，社會是依着辯證法的發展的，而其發展的原動力，便是建築於生產工具之上而形成的一定的生產力與生產關係。例如，舊石器之初期，其生產工具爲粗石器，這個石器只能夠利用來剝削果實與擊死動物，所以其經濟的基礎也只能建築於採集時代之上。其生產關係，也只能適應於這個基礎而形成一定的彼此間的採集與分配的關係，故其人羣的聯繫非常薄弱，自然社會組織與文化水平也是極爲低等的，反映於人類的意識則只有懼怕、恐怖、與神祕。而構成所謂「馬那」（Mana）的觀念等等。

第二章　北京猿人是否爲漢族直接祖先考

第一節　猿人之發現與失環問題

人類之一元起源與多元起源的爭論結束了以後，一般的考古學家及人類學家，皆萃心於「失環」(Missing link) 問題之回答。因爲物種的演進及變異，必然地有一定的階段及有遺跡可尋。同樣地，由猿到人的演進，中間必然地經過半猿人的一個階梯，然而，這個過渡的典型究竟是什麼呢？這個問題到現在仍沒有回答，這個物種仍沒有找出，所以，一般的生物學家，考古學家，及人類學家稱這個問題便是「失環問題」。

然而，演進的階段及其代表之典型物種，並不是容易找到的，當達爾文 (Charles Darwin) 要證明物種進化之一元論時，時常覺到地質記錄不完全之遺憾。究竟由猿到人的過渡物種，能否從地層的挖掘得到證明，老實說，還是問題。雖然到現在找到了許多半猿半人的過渡物種。然而，沒有一個考古學家或生物學家敢公開地證明這是「失環」之獲得。

地層之挖掘開始於前數世紀，而風行於十九世紀到了廿世紀之現在，採掘地層更成了科學領域之一環了。北京猿人便是在考古的狂熱中發現於北京（今稱北平）附近之周口店。北京猿人之發現，在考古學上佔了一個極重要的領域，而且有許多考古學家，人類學家，乃至人文地理學家用來做「中亞為世界人種起源的地帶」底有力的證據。現在，在未說明北京猿人以前，須有先把北京猿人以前所發現的爪哇猿人（Pithecanthropus）及皮爾當猿人（Pilt-down man, or Eaanthropus）說明的必要。因為這個說明，對於北京猿人之理解，是有重要的關係的。

骨骼之遺留與地層的年代是相關的，大概骨骼年代之測定是受地層的年代決定的。因此，在未說明爪哇猿人以前，須先把其貯藏的地層作一個簡單的說明。案爪哇猿人的貯藏地有一密達之厚，土質極為弘鬆，且含有粗大的、凝灰質的砂石，在下一層則為堅硬底青灰色的土質。爪哇猿人貯藏的上面一層，吾人稱為「麼鼎層」（Kendeng）為許多凝灰質的砂石所砌成，約有十五密達的厚據發現者杜坡斯（Eugen Dubois）及許多學者的意思，以爲這個地質的系列，應爲第三紀或後新世（Pliocene）年代，從這地層所採掘之猿人，吾人稱爲「後新世猿人。」根據愛爾柏（Elbert）的意見，以爲這個「廢鼎層」顯與爪哇猿人的貯藏地相重複，而相當於古代低溫度的雨濕期（Pluvial period），這時正是歐洲冰期的時候。爪哇的洪積期（Pleistscene Period），顯明地可以分爲三層，第一層爲低溫度的時期，這裏便是爪哇猿人貯藏的地方，因此在地質的年代上說，爪哇猿人爲後新世的末期及洪積世之初期底產物。自從爪哇猿人發現後，引起了許多學者狂熱的討論，有許多考古學家，解剖學家曾作過很小心的研究。有人以爲是前人，有的人又以爲是長臂猿，也有許多人以爲是由猿到人的過渡物種。杜坡斯說：『總結地說，從爪哇猿人的股骨與機能之調和上看，則吾人可以想到，這個化石猿人能夠有和人一樣的直立及步行底兩腿……從演進的定律上說，爪哇猿人是從猿類到人類的過渡的產物。牠是人類的祖宗!』

爪哇猿人，牠的腦量爲八五五立方公分，而最小的內安捷他人（Neandertal man 是歐人的祖宗）的腦量也有一·二三〇的立方公分。其次，牠的頭殼指數爲百分之七三·四，而內安捷他人則為百分之七三·九，這個長頭指數，差不多為初期人類之特質。

復次，爪哇猿人底眼眶上面的眉梁骨的突出及其闊度，差不多和大猩猩一樣的大，而超過內安揑他人及近代澳洲土人，斯窩爾柏（Schwalbe）最後的意見，以為爪哇猿人為內安揑他人或為「眞人」（Homo sapient）之直接祖先。

除了爪哇猿人以外，我們還得要說明的，是一般考古學家稱為曙人（Dawn man）的皮爾當猿人。皮爾當猿人以地方得名，因其發現於英國蘇塞（Sussex）的皮爾當地方。皮爾當位於澳沙河（Ouse river）兩支的中間。澳沙河約距於基來之蘇洛（Gray's Thurrock）三十五里，為湯麥斯（Thames）地方一個有名的查利安遺址（Chellean 即低期舊石器之第二期。）（註一）再向東行，則為肯特（Kent），此地可以找到許多始石器形式的燧石。皮爾當猿人頭骨貯藏的地方，則距澳沙河面上八十英尺高的高源，高原上面滿鋪着燧石砂礫及堆積物之殘屑，無疑地，這個地方極適宜於查利安期及查利安前期的燧石工人。一九一一年秋季，陶遜（Dawson）曾在此地拾到一些同樣的前頭骨屑及少部份的眉梁骨，因為這一發現，陶遜遂與吳華（Arthar Smith Woodwald）合作，而作一個系統的搜集。到了一九二二年春主要的骨骼都搜集到了，而同時更加嚴密的審查。到了一九一三年法國人類學家德日進（P. Teilhard）更有新的發現，他得到一個完整的犬齒，較後又發現一對鼻梁骨。這些碎屑對於頭骨之復原是有很大的意義的。據吳華初步的視察，以爲這個頭骨有顯明的粗厚，近代人的頭骨爲五——六公釐，內安達他人也只是六——八公釐，而皮爾當猿人頭骨竟達十一——十二公釐的厚。頭部指數爲七八——七九，這是圓頭種，眶上並無厚梁凸

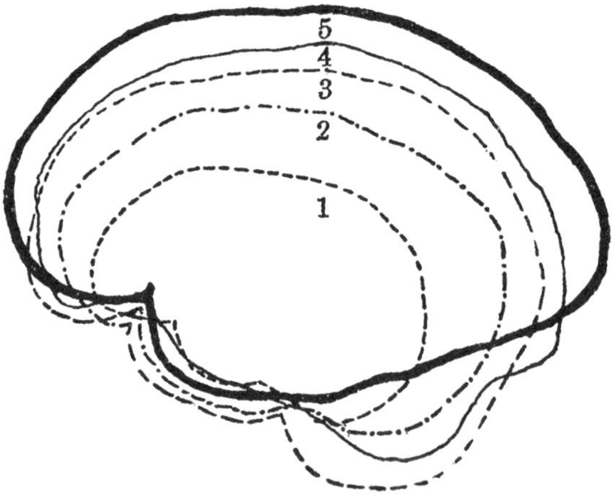

原形三分之一。1. 大猩猩
2 爪哇猿人
3. 皮尔當猿人
4. 内安撻他人
5. 近代人

出，其型態顯與內安撻他人不同，腦位的數片頭骨，其形式却像人而不像類猿人；初步測驗的結果，其腦的容量有一〇七〇立方公分，這顯然和澳洲土人及斯派(Spey)等地之內安撻他人不同；鼻梁骨之形式與人類差不多，惟相對地較細小而寬闊，故其鼻形較平正如現代之馬來人及非洲的人種一樣，但顎骨有顯著之特徵，其形式極像幼少的大猩猩似的，腮骨的斜坡正位於海德爾堡人(Heidelberg man)及幼猿的中間，而極端的向後退。最後，吳華便結論說：皮爾當猿人頭蓋骨純是人類的，而近於較低的種族。

【附註】

（一）Osborn: Men of the Old Stone Age, P.P. 74-75

第二節　北京猿人之發現

世界上所採掘的兩種最早的猿人，上面已經作了一個簡括的陳述，而且我們知道：爪哇猿人爲猿到人的過渡物種；而皮爾當猿人則接近於類似人類之猿人；考古學家雖不敢公開地認爲是

「失環」之取得，然而這些猿人之發現對於「失環」問題之解答，却得到了一個極大的助力。現在作來看看我國發現的「北京猿人」(Sinanthropus, or Peking man)罷。

北京猿人在未發現以前，曾有奧人茲丹斯基(Zdansky)於民國十一年十一月在北京附近之周口店採得化石極多。民國十五年，又在化石中發現了兩個牙齒：一爲下前臼齒，一爲上臼齒，發現的地層是第四紀，正和爪哇猿人及皮爾當猿人的貯藏地相當。這一發現遂引起了許多考古學家探究的興趣，擔負採掘的機關便是北京地質調查所。

周口店附近爲奧陶紀的石炭岩所形成的山石炭岩中常有裂縫及洞穴之出現，其中爲紅土及石塊沈積，含骨化石極多，此等堆積，因石炭質作用而變堅硬。其地層自上而下可分爲十層：第一層爲淡黃色硬泥岩，一部爲石炭渣；第二層爲灰色沙質泥岩；第三層爲不規則層，大塊石炭岩很多；第四層爲紅色土質沙泥甚厚，但有黃淡紅褐灰各色相間；第五層爲黑土質石炭岩碎塊及角礫石；第六層爲硬石炭角礫岩紅土泥沙；第七層爲深灰軟鬆沙土，雜以石塊；第八層爲堅硬角礫層雜以紅色沙土；第九層與第八層相似，多含沙質；第十層爲沙質紅土含結核很多。第三層已經有了猿人的骨屑發現，而第五層的猿人化石更爲豐富。（註一）民國十六年採掘的時候，參加工作的人有李捷步林（B. Bohlin），十七年再增加楊鍾健及裴文中兩人，到了一九二九年十二月二日裴文中始發現了一個未受壓力壓壞的頭骨。北京猿人的眉稜骨很粗厚突起，眉與後頭突起之間，其長度大約是一四五，頭骨指數約有七六·三，這是近於中頭的人種。據發現者裴文中說：「中國猿人與爪哇猿人不同之點，據安特生博大之研究，以爲中國猿人之腦量較大……其各種人骨皆與眞人無甚出入，惟顎骨尙能保存原始的性質。」（註二）楊鍾健亦謂：「中國猿人頭骨具有爪哇猿人與皮爾當猿人的性質，而介乎二者之間。」（註三）「根據德日進（Pere Teilhard de Chardin）及楊鍾健的意思，以爲北京人是屬於早期沖積世與歐洲最早之冰期相當……約從五十萬至一百萬年之久。爪哇猿人據發現者杜坡斯以爲是第三紀末期或早期洪積世的人骨，這却與北京猿人相差不遠。至於皮爾當猿人據奧斯本（Osborn）教授的意見，也以爲大約是在早期或末期洪積世的人骨化石」（註四）因此，在此地我們可以得到一個結論：北京猿人之發現是在第四紀之初期洪積世之產物，牠是介於爪哇猿人及皮爾當猿人之間，距今大概有七十萬年之久。

北京猿人的年代解決了，這裏我們便可開始作正面的討論。

【附註】

（一）參攷衛聚賢：中國考古小史二九——三十頁

（二）見裴文中：中國猿人化石之發現。

（三）楊鍾健：中國猿人與人類進化問題，科學十五卷，第九期。

（四）J.H. McGregor: The Peking Man, The Making of Man, P.P. 105-106

第三節　北京猿人是否爲漢族之直接祖先

問題是：北京猿人是否爲漢族之直接祖先？問題之解答，必然地引起下列兩種重要的結論：

（一）如果我們承認北京猿人是漢族之直接祖先，則漢族在第四紀之早期已經遷到中國地帶了，換言之，中國的文化史便開始於始石器時代。

（二）如果我們承認北京猿人不是漢族的祖先，則漢族遷入中國地帶是在始石器時代以後的事，換言之，中國的文化史則不開始於始石器時代。

問題之解答，最緊要的要極力地迴避主觀的成見與假設，我們應當以實物的證據來回答這個問題。

以體質的特徵來斷定北京猿人是否爲漢族之直接祖先，此刻我覺得應當拋棄這個觀念，因爲在新石器時代以前，人類的體質是與文化之演進成平行的，以現在的人類來比擬於猿人，在體質上應該是非常差異的，但另一方面看，因爲猿人爲人類之直接祖先和現代人多少亦有相似的地方；然而，我們却不能利用這個差異或類似的地方，來作探究祖先的論據。（人類體質漸少變異的時候，以體質的特徵來測量及說明種族之關係，自然是可能的，如體質變化得非常快的時候，以體質的特質來證明，結果往往是錯誤的。）

當然北京猿人的體質與現代華人的體質相較，極爲差異，但亦有相同的地方，特別是中頭指數與華人極爲相似，然而，我人却不能因此而斷定北京猿人是或不是華人之直接祖先。我以爲要回答這個問題至好由民族遷移之年代及其分佈的區域來作探究之根據，如果這個問題解決了，答案便容易找得出來。

要研究漢族的遷移及其分佈，又不能不借助於文化的考古，因爲文化之傳播、擴大，是依附於人類之移動的。因此，以文化的分佈來作種族遷移的路線、年代、及區域之說明，是絕對地可能的。

吾人清算了十餘年來的考古的成績，使我們不能不得着下列的結論：漢族文化分佈的區域，最早都還在新石器時代，至於有些地方所探掘的始石器之工具，有的還是疑問，就極少數較爲正確的，也不是漢族文化，而是冰期時代遷入的種族文化，因此，吾人可以得到一個正確之決定：漢族之從中亞細亞遷入，是後於始石器時代，而最早也只能開始於舊石器末期或新石器初期的時候。

到了現在止，據我們所知道的，除了北京猿人貯藏地附近發現一些始石器的用具外，至於納爾遜（Nelson）一般人在蒙古所探掘之少數類似始石器，但這種石器發現不多，分佈的區域亦非常狹小，到現在仍爲問題。不過，沿蒙古邊境，爲始舊石器時代的美洲蒙古利亞種如印第安族，挨斯基摩族（Eskimo）所移動的地帶，因此，蒙古邊境上之發現始舊石器是非常可能的。

至於古代漢族分佈的區域及其屯積的地帶，如新疆、甘肅、青海、陝西、山西、遼寧、山東、河南及沿雲貴、江蘇邊境，則從未有始石器之發現，就連舊石器的遺址，亦屬渺茫，這，使我人不能不感覺到，漢人移動到中國地帶，是後於舊器中期的事。爲便於明瞭起見，這裏，把發掘的重要遺址，大概地介紹如下：

地址	發掘時間	遺址年代
（一）河南澠池縣，仰韶村。	民國十年十月	新石器時代末期
（二）遼寧錦西縣，沙鍋屯。	民國十年六月	新石器時代
（三）山西夏縣，西陰村。	民國十五年十月	新石器時代
（四）南京棲霞山。	民國十九年三月	新石器時代
（五）山西萬泉縣荊村。	民國廿年四月	新石器時代
（六）山東歷城縣龍山車站。	民國十九年十一月，廿年十月	新石器時代銅器時代
（七）甘肅貴德縣，鎮審縣。導河縣，寧定縣青海邊境。	民國十二年至十三年	新石器時代紫銅器時代

（八）他如沿雲南貴州等省之邊境亦有新石器時代之石器發現。

以上各省均爲古代漢族聚居之地，但並無何種始石器乃至舊石器之遺址出現，所有的都是新石器及銅器，這正證明出漢族在始石器時代，並未有遷入中國的地帶！

同時，中國各地帶特別是河南甘肅兩省所採掘之新石器時代底陶器及其裝飾藝術，和中亞細亞小亞細亞乃至東歐各地所發現的，其文化特質複體（Cultural trait-complex）極爲相似，關於這，安特生在其中華遠古文化甘肅考古記及阿爾納（Arne）在其河南石器時代之着色陶器等書，有極詳細和正確之說明。在此地，我們可以看出中國新石器時代的文化與中亞各地之文化發生一個極爲密切之關係，這毫無疑義地是漢族遷入中國地帶時所傳播的文化，這明明是中國在始石器時代並未有漢族的存在！

北京猿人是次於爪哇猿人而先於皮爾當猿人，即產生於第四紀的第一次間冰期時代之猿人。在冰期時代歐洲及中亞一帶都爲冰塊所浸蝕，所以，北京猿人是避免「冰災」而逃到中國來的，（註一）這大概是沒有什麼疑義罷。北京猿人爲第一次間冰期時代的人類則距漢人之從新石器初期遷入中國地帶，相差有數十萬年之久，以北京猿人爲漢族之直接祖先論者，不是錯誤是什麽？

所以，北京猿人決不是漢族之直接祖先，這一說法，也許會有人反對，以爲侮辱了我們漢族的歷史，然而，我不能不積極地回答：事實決定了這個奢望是失敗的。

【附註】

（一）Osborn教授以爲爪哇猿人是在歐洲冰期時代從中亞遷到爪哇去的，所以北京猿人大概也是在冰期時代從中亞遷入到北京來的罷。

第三章　漢族在原始時代遷移之階段

第一節　種族起源地之討論

欲研究中國民族之由來及遷移，又不能不先探究人種起源的搖籃地。因爲，如果我們承認人類起源是單一的話，則漢族自然也和其他民族發生過血統上的關係，所以，在未闡釋漢族在原始時代遷移之前，我們須先解决人種起源的聖地，然後始能簡括的說明漢族之移動及其移動的路線。

在這裏，我們仍得提出一八九一年發現的爪哇猿人，一九二九年發現的北京猿人，及一九一一年發現的皮爾當猿人。爪哇猿人貯藏地距地面五十英尺，而介於第三紀與第四紀之間，據考古學家之估計距今約有一百萬年之久，而接近於猿人過渡之典型物種，北京猿人爲第一次間冰期之產物，而較爪哇猿人則略爲進步。至於皮爾當猿人則屬於第二次間冰期的猿人。而又較北京猿人高等，較於爪哇猿人則進步多矣。這三種猿人，最原始的兩種屬於亞洲，而皮爾當人則屬於歐洲。

其次，我們還要提出來的，爲一九〇七年沙登沙克（Schoetensack）在德國海德爾堡發現的海德爾堡人（Heidelberg man），這個化石之發現距地面有八英尺，爲屬於第二次間冰期之產物，而與皮爾當人同時。還有一八五六——一九一一在歐洲各地發現最多而又最完全的內安撻他人（Neandertal man）。一九二一年又有羅蒂西安人（Rhodesian man）之發現。總之，從爪哇猿人出土而至發現近代眞人的祖宗格羅麥囊人（Cromagnon man）止，先後發現的地方極夥，而發現的人亦非常之多。但其所發現的遺址大部份是屬於亞洲及北歐一帶。至於南歐則極爲稀少。最引起我們注意的，而以猿猴富稱的非洲亦極少發現，至於澳美兩洲，則一無所獲。

世界上所有發現的猿人多屬於歐亞，而最古的猿人又屬於亞洲，以這考古學上的證據來證明亞洲爲人種起源的地帶自然是沒有什麼錯誤的。但是，亞洲是這樣的遼闊，以亞洲爲人種起源地仍覺太泛。據考古學家人類學家如奧斯本（Osborn）韋斯萊（Wissler）克魯柏（Kraeber）

及華萊斯（Wallis）等人，則以亞洲之中部即中央亞細亞爲人種起源的聖地，則更爲可能。人文地理學家享丁頓（Huntington）也以爲中央亞細亞爲人種起源的地方，是有絕大的可能性，因爲古代的中亞氣候極爲温暖，而非常適合於人類的生存。如果這些論斷是正確的，則我們可以假定人類起源的地帶爲中央亞細亞，以後因爲人口密度的增加及氣候漸漸改變的結果，人口始向外移殖：西南向小亞細亞而至非洲，西向歐洲，東北向西伯利亞外蒙邊境而至美洲（古代亞美兩洲是互相銜接的，）南向印度而至南洋羣島一帶，東南向中國而至臺灣日本等處。其他民族大都由中亞散佈出去的，而漢族之由中亞遷入更是無疑，在中亞與中國的文化聯繫看來，漢族之由西方遷入，大概是可作定論了。

第二節　華人第一次遷移

漢族之起源，既如上述，這裏，我們就不能不要回顧他們移動的路線及其移動的階段了。要來探究他們的遷移，使我們感覺最困難的，便是材料之缺乏，爲了這個原故，有些地方不能不使我們踏入假設的一途上去。

人口過剩與食料缺乏爲決定人類遷移的元素，然而，這在原始時代中較少意義，而地質變遷便是決定原始人類向外遷移最重要的因子。中亞在第三紀末及第四紀初，其氣候較爲温暖，故很適宜於人類的生活，到了冰期時代，歐洲及中亞一部份全爲冰塊所浸蝕，人類爲了「冰災」的頻繁，所以不能不逃到隣近未被冰塊所侵襲的地帶去，北京猿人與爪哇猿人便是從這個時候遷去的。到了冰期以後，中亞氣候則漸漸復原，而歐洲氣候亦漸變暖，這時人類除了一部份遷回來的外，其餘的則漸漸遷移於各地帶，有的則遷入於歐洲北部去了。在這個時候，人類的文化則漸漸踏入於高期舊石器時代，一方面結束了慕斯他利安期（Mousterian）文化；同時便開始了梭盧特利安期（Solutrean s age）文化。

遷回到中亞去的人類極多。經過許久以後，人口又向外邊溢出。一部份從裏海沿岸南向遷到兩河流域去，有的更向非洲移動；一部份則向東北遷去，而入於西伯利亞及蒙古邊境，有的更向東入於美洲；而又有一部份人則漸向中國邊境移殖，而遷到巴勒克什湖伊犂河附近，屯積到這個地方來的，一部份便是我們的漢族祖先。

人類的體質跟着地理環境特別是氣候與食料之不同，因而有不同的適應作用，故發生體質上之差異，大概遷於北歐的人種爲白人的祖先，移動到非洲去的爲黑人的祖宗，而遷入於美洲西伯利亞巴勒克什湖附近的爲蒙古利亞人的祖先；

漢人第一次從中亞的中部屯積於巴勒克什湖地帶之時，有些也許經過伊犁河而先入於新疆邊境，從這時起，又引起漢人向東遷移的「高潮」

第三節　華人第二次遷移

華人屯積在巴勒克什湖附近，經過了許久以後，又有從伊犁河向新疆邊境移動的模樣。在新舊石器過渡時代即在岡比涅（Campignian）及路本浩錫（Robenhausian）兩期中，便有許多漢人因漁獵生活而遷到新疆去的，到了新石器初期更有大批漢人遷到中國的新疆及其隣近各地。

中國西部與中亞交界處，綿連着許多高山大嶺，因爲那時氣候極適宜於各物種的生存，吾人深信有許多野獸雜居着，又因森林密佈的原故，所以那時候的人類從中亞遷入中國地帶，本是極不容易的事，只有一條狹小的伊犁河，從新疆入於巴勒克什湖，因此，屯積在巴勒克什湖附近的華人，纔得慢慢的遷過去。伊犁河便是在新舊石器過渡時代漢族從中亞遷入中國唯一的途徑。

新石器時代的人類本來多實行漁獵生活的，然而漁獵生活在舊石器時代密達利爾安期(Magdalenian)中，也就開始實踐過的。因此，吾人可以假定，有些營漁獵生活的漢人，在這個時候，也許有遷到新疆去的，然在這時，却沒有大批漢人的遷移，至於漢人總的移動，是在新舊石器過渡時代纔開始。

原始時代的人類遷移是無目的的，純是依照自然的作用，大概凡是人口過量食料供給不足的時候，自然會不住的向外移動，而加大了人羣的分佈。外溢的人口正如流水一樣，總是向着通行的路線前進。至於踏高山越大嶺的遷移，這在原始時代是不會有的事，因爲在原始人類的心理模式上及文化上看，不敢也不能這樣做，因爲原人的文化層仍無支配自然的力量。

遷移在原始時代是頂平常的事，然而也是頂痛苦的事。每一次的遷移特別是急性遷移，許多衰老殘弱的人，因受不着這個苦境，而多數死亡。所以，原始時代的自然淘汰性。發生了一個強烈的作用，自然其身體較爲強壯優秀的，始能跳過這個關頭，因此，吾人可以推想到當時人口遷移，是何等悲慘的事！

漢人遷到了新疆以後，又停留着了，因爲在古代新疆山林密佈湖泊極多的原故，人們的生活似漸爲安定，在這裏過着一個優美的生活，因爲人類的生活漸漸安定了，便加增了文化的創造能力，所以，漢人停在新疆不久，然而却開闢了一個東方文化的聖地，漢族的文化在這裏微露了一個新的頭角，這個東方的土耳其斯坦的確能與西方的土耳其斯坦相抗衡，在這兩點的平線上，誕生了偉大的文化！

第四節　華人第三次遷移

華人從伊犂河遷入新疆邊境以後，多屯積於天山山脈附近，而過着一個狩獵生活，經過多時，人口更向東移動，從迪化附近入於天山南路，而漸漸向南遷徙，沿焉耆移動到羅布泊塔里木河。華人到了此處後，因爲地理環境之不同，其生活模式亦漸漸轉變，卽從狩獵的生活，轉變到捕漁的生活去了。從塔里木河到羅布泊都是很好的漁場。塔里木河附近綿連不斷數千里的大沙漠，在古代也許是一個極大的湖泊，祇因後來地質改變，氣候乾燥，缺乏雨水的原故，纔變成了沙漠，然在新石器時代却是一個廣大的漁場呢。

漢族遷移到羅布泊塔里木河附近的時候，因爲生活安適的原故。在新石器時代創造了極優美的文化，以後漢族藉着遷移的生活。而漸漸把這個文化傳播到各地，因此，新石器初期的新疆文化與我國數千年來的文化無疑是發生了血統上的關係，在中國文化的圈鍊中而新疆文化，便是最初的一環。

大概到了新石器中期之時，沿羅布泊一帶的華人區域漸漸擴大，住於南塔里木河的漢人，則漸漸遷徙崑崙山附近，而雜居於羅布泊的漢人，一部份遷入於阿勒騰塔格山脈及沿青海邊境，大部份則更向東移動。

人類的遷移總是慢性的居多，急性的居少，只要是附近有童山湖泊的地方，他們都爭先恐後的遷進去，因爲新石器時代生產工具太幼稚，文化層太薄弱的原故，生產量無疑是稀少的，因此。那時人類不能不附依山林湖泊來獵獸捕魚，以過其生活，至於農耕與牧畜却是非常之少。

到了新石器中期以後，向東遷移的漢人便大批移動到甘肅，寧夏，及沿青海邊境，其最大部份則屯積於甘肅。

漢族在甘肅各地停留着許久以後，在新石器末期卽距今七八千年之時，更向綏遠，陝西，而至於山西，山東，河南及沿四川邊境，到了這個時候，大部份的漢人皆屯積於黃河流域及其附近的山谷中，

遷於黃河流域的漢人，多實行漁獵生活。黃河及其附近之山谷都是新石器末期漢人棲息之所，同時更因爲黃河流域的黃土層極厚，氣候亦極適宜於農耕，在這個環境中，漢人除了漁獵以外，我們同時也可以推測到當時確有農業之產生，不過，這時的農業或不是米麥之類，大部份或爲供給家畜的食料，因爲在這個時候，人們從狩獵的經驗中，已經有畜牧之產生，因此，遷入於黃河流域

一帶之漢人，他們的生活除了主要的漁獵外，同時也有農業與畜牧之副業產生。

經濟層之改變，同時也改變了文化層。在這個多重的生產中使那時候人民底生活漸趨安適，於是文化層更急速的加增，從那時所採掘的陶器中吾人可以推知當時藝術之如何進步，從這個藝術中也可以看出那時候的社會組織是如何的複雜，人類意識又是如何的發達！

第五節　華人第四次遷移

新石器末期，漢人已有大批遷到河南去的，但到了石銅兼用時代底時候，又有大批的漢人從甘肅陝西等地簇擁河南及其隣邊各地如山東安徽湖北等地帶，這原因一方面自然多少受了人口增加與食料缺少所致，然各地氏族間的鬬爭，便是這次主要遷移的動機。

地質的轉變，人羣的鬬爭，人口過剩與食料的缺乏，是決定原始人類遷移的因子。這次石銅時代華人遷移的主要因子，却不是地質氣候之遷變，而是人羣的鬬爭，爲避免重複起見，這些待留到「中國銅器時代」一章中說明。

人口的遷移，同時便是文化的遷移。在新石器時代特別是新石器的末期及石銅兼用時代的華族文化，其中心是在甘肅，這個論斷十足的可以從各地遺址中找到正確的根據。待銅器時代之時，人口大都屯積於河南及其隣邊各地帶，到了這個時候，文化的中心區域又從甘肅移向於河南來了。

河南山東等地爲中國銅器時代的重要遺址，同時也是爲中國文化在原始時代最重要的文化遺址，這裏孕育着現代文化的種子，爲世界銅器時代最重要的一環。文化之發達，社會之進步，堪與歐洲文化的聖地——埃及相媲美，謂河南爲東方的「埃及」，誰曰不宜？

以後華人仍然繼續的遷移，洪水之汎濫，封建諸侯、軍閥的割據戰爭，外族之侵凌等等，使華人不得不過着流離顛沛的生活，而不住的向東南邊境遷移，而漸漸入於江浙閩粵各地，而流離最厲害的，莫過於廣東東北各地之「客族」，到現在他們依然不住的向外遷移於瓊州及南洋羣島一帶。

所以，一部的中國歷史，都是外族壓境、諸侯、軍閥、水災、旱災的循環交迭所造成的——是血與淚交流所造成的！

第四章　原始社會發展之階段

第一節　始石器時代(Eolithic age, or dawn of stone age)

人類是用工具的動物，同時也是創造工具的動物。工具之使用與創造形成了人類底一定關係，同時也推動了社會的前進。

社會之基礎與文化級層是建築在經濟水平之上，而經濟的平線又受生產工具所決定。這裏便根據生產工具之形式及內容來把原始時代作一個極爲簡單的展望。此地先把始石器時代的社會說一說。

始石器之發現是在第三紀之末期及第四紀之中期，因爲這時代的石器非常粗鄙，故有許多學者，對於這個時代之有無會經起了很大的懷疑，但亦有許多學者却認爲這種石器的確有人工勞働的痕跡，而爲人所撞擊過。然而，反對的人們却以爲地質變動時岩石互撞的結果，雖然發現的石器似爲人工所製造而極適用於手拿，但吾人亦不能確證這個石器爲人類經手所製，同時也不能否認是自然勢力的結果。

這個爭論延長了極久，後來卒因發現的區域漸廣，發現的次數亦漸增加，這個辯爭纔告了一個段落。

始石器時代的文化模式怎樣，我們不得而知，人類學家、考古學家亦沒有詳細的、正確的告訴我們，這原因是因爲發現舊石器的地方除了少數的獸骨散亂於附近外，並無其他的什麼實物存在，這個獸骨究竟是否爲人類飼養動物的證據，到現在還是疑問。

查始石器所佔的時間最久，約佔人類史百分之五十以上。這時代所發現的人種如爪哇猿人北京猿人海德爾堡猿人及皮爾當猿人四種，這些人種均極低劣，其形狀與猿猴相差不遠，腦殼極端的後退，可知其智慧與猿人相差不遠。他們所能的，只會利用天然的石器而略加以人工的撞擊，以剝削果實等等，同時利用折斷的樹枝以禦身體，便成了這個時代的文化特徵，然其受自然的淘汰與支配較之其他動物，又有相差幾許?!

第二節　舊石器時代(Paleolithic age)

舊石器時代之存在，較之始石器充分得多，這是石器經過人類所製造是無懷疑的餘地的並且其發現的區域非常之廣漠，在歐亞西北部幾無地無之。舊石器據考古學家的區分，有高低兩期：

(一)低期舊石器時代——這又可分爲四期：

(A)查利安前期(Pre-chellean)——這期大概是從一〇〇，〇〇〇——一五〇，〇〇〇 B.C.共有五萬年左右，爲舊石器最早的時代，這個時代之發現是在第二次間冰期之時，這一期又可再分爲昂革利安(Anglian)蜜斯衞尼安(Mesnvinian)及斯特拉備安(Strepyan)三小期。

(B)查利安期(Chellean)——這期的石器有顯著之進步，他們能夠把燧石用心撞擊而成箭矢的形式。

（C）亞趣利安期（Acheulean）——這期的石器漸傾於專門化，括削及磨擦成了這一期的特徵，無論石器之何方面，皆極力求其相配與對稱。

（D）慕斯他利安期（Mousterian）——慕斯他利安期為克羅麥囊人（Cromagnon man）的祖宗內安撻他人時代所特有，考古學家又稱為舊石器時代之中期。這期的石器有石針、刮刀、等等的形式。同時，在這時代中也開始了骨器之應用。慕斯他利安期分佈最廣的莫如北歐一帶，我們蒙古一帶也有同樣的石器發現。

（二）高期舊石器時代——這期亦可分為下列四期：

（A）奧勒那西安期（Aurignacian）——石器的專門化成了這個時期唯一的特徵，在這個時期裏，我們可以找到無數的葉片式的刮刀與割刀。

（B）梭盧特利安期（Solutrean）——在這一期中，對於製造燧石的工具較之前一期進步得多了，同時也開始了下一時期的到來。

（C）密達利爾安期（Magdalenian）——這一時代之出現剛剛在於後冰期，這時天氣非常之寒冷又是潮濕，接着又是非常乾燥，所以這期的石器有點衰褪的狀態；然而，却有骨器利用到彫刻上去了，藝術也略見稚形。

（D）亞追利安期（Azilian）——這期之石器非常之進步，牠不但結束了舊石器時代，同時也開始了新石器時代，故一般考古學家又稱之爲舊新石器的過渡時代。並且其文化的特徵也表現得非常進步，即就用器而言，這時的人類却能夠將燧石磨擦得非常之對稱。

社會是建築於經濟之上，而工具的基礎又建築於生產工具的上面，有史時的社會如此，史前社會亦莫不皆然。舊石器的生產工具已經把牠大概地說過了，現在，更來看看牠的經濟生活罷。

從石器本身看來，這時的石器，依然是非常簡單，前期的石器不必說，但就後期的石器也不過磨擦一面，建築於這個工具上面的經濟基礎，無疑是極爲簡單的。

大概地說來，這時的經濟生活，是建築於採集時代之上，因爲這樣的生產工具，牠所能辦得到的，也只能限於剝削果實與擊死動物，此外也沒有其他令人驚異的地方。

建築於這個經濟基礎上面的社會組織，自然也是非常單純。因爲經濟的水平這樣低劣，自然社會的內涵也不致十分複雜。所以，這時人羣的聯繫非常薄弱，所謂社會組織除了少數人發生一定的關係而形成一定的組合外，自然也不會有什麼強有力的結合。

反映於人類意識，一樣又是極爲幼稚。意識是人類適調環境而引起的心理模式。在一個薄弱的文化環境中，便決定了他們的單純底意識。

大概那時人類唯一底意識爲驚異與懼怕所結合成的馬那（Mana）及魔術的觀念。馬那爲波里內西亞人（Polynesians）的土音，其義是指有「力量」的客體，這個意識的對象是超有機的、超自然的，而是一個摸捉不到的抽象底存在。

第三節　新石器時代（Neolithic age）

新石器時代之石器分佈得極爲廣漠，祇要是氣候溫和土質適宜的地方，却有發現這種石器的可能。

這時代之石器，其特徵在能剝削得非常之對稱，牠不像舊石器的粗鄙與無定形態，而且牠能更進一步的磨擦兩面，成爲很平滑而帶有藝術性的形式，這無疑地是進步得多了。

但是，新石器時代的到來，却經過一個很悠久的時間，牠是從人們許多經驗中累積下來的，所以工具之發明與創造，實在是不是容易的事。

新石器的胚胎早就在舊石器中營育着，特別是在亞追利安一期中十足的表現出這種石器的形式與內容之初型。

人類社會從舊石器變到新石器，是一個偉大的變革，在這裏懷孕着近代文明的種子，因爲那一時代，不但是石器起了一個大變革而且火的實際底應用，也在這一時代特別普遍。

火的應用不只是使人類從生食到熟食，而且他們能更進一步的支配自然，特別是解放了野獸的殘壓。而且藉着火的應用，跟着也有許多美麗的陶器之創造，陶器之創造最初雖然是單色的，但祇經過的時間不久，便很快的進步到彩色之繪形，藝術之偉大，輕輕地在這一期的社會裏，露了點頭目。

火的普遍應用，是人類社會一個偉大的進步，牠不但推進了生產工具之變革與生產量質的加增，尤其牠是掀起了文明時代的序幕。現在的生產工具與交通器具等等，那一個不需要火的應用？沒有火的發現與應用，決不會有文明時候的到來！

新石器時代底石器特徵，不只是在求其對稱，而其石器的形式也特別地加多，例如：石斧，石碎，石鑽，石鏃，石刀，等等，也很普遍地使用於這個時代。

新石器時代的經濟生活是建築於漁獵上面，而脫離了採集的生活。這一轉變，不只是使經濟生活有突飛的猛進，同時，使人類的關係更加密切，而漸漸形成一種新的社會制度——圖騰的社會制度。

圖騰制度與自然崇拜特別是動物崇拜發生一個不可分離的關係。一個圖騰族常常以某一動物來當作自己的祖先，而形成一種帶有血統關係的集團，在這個制度之下孕育着氏族社會的原形，同時，也涵養着將來宗法社會之稚形。

與圖騰社會發生聯繫的，便是圖騰崇拜與圖騰禁忌，然而，這種宗教信仰之形成，又是從靈魂觀念（Animism）演繹出來的。靈魂觀念實際上就是新石器時代的一個統治思想。

第四節　銅器時代(Bronze age)

歷史是聯續的，由石器到銅器也應有牠的連鎖底痕跡，這是無疑的。大概從石器到銅器是要經過一個過渡底階梯，並且這個階段，在歷史上佔了一個很重要的領域，牠的時間也連綿着數百年乃至一、二千年，在這悠長的時期中，一方雖然有了銅的發現，但這時的銅器仍無能力支配整個的時代，因此這一時代仍是石銅兼用，一般的文化人類學家考古學家都稱為石銅兼用時代(Eneolithic age)。

石銅兼用的時代，是一個變革的時代，這時銅器雖不能支配整個的文化領域，然而在這裏牠却決定了石器之死亡與銅器的成長，所以這個時代是一個新陳代謝的時代，因為那時正在努力構成新的條件，而排洩舊的腐物。

銅器時代的到來，是孕育在新石器之末期，而漸成熟石銅兼用時代。

石銅兼用時代所用的銅是紫銅，然紫銅並不堅牢，而且易於腐蝕，因為這個原故，牠在時間上是很短促的，就在空間上似乎也沒有新石器來得廣漠，從量的方面說，石銅兼用時代的銅器，其數目也沒有石器這樣多。

然而，人類的經驗是從「嘗試與失敗」的過程中漸漸地累積起來，經過了數百乃至數千年以後，便漸漸地發覺將銅與錫相熔，其製造的工具較能耐久。這一發明，遂形成了生產工具一個偉大的改變，這樣一來，纔結束石器時代而完全地入於銅器時代，

最初，那時的銅器，在形式上却與石器相彷彿，例如銅的箭頭，箭矢，銅刀，割刀等等俱可完全沿用前代的石器形式，就吾國所發現的殷代銅器中的銅鼎，銅鬲等等，也多數與新石器時代之陶鬲陶鼎相似，新的創造形式實在極爲稀少。

銅器時代的到來，不只是生產工具起了一個大的變革，而且經濟的基礎跟着一個大的轉變。大概建築在銅器時代的經濟生活爲漁獵與畜牧，特別地後者更爲重要。畜牧本來就不脫離狩獵的，事實上，每一個畜牧的社會，也從不會斷絕打獵的生活，而且牠們時常聯在一塊，因爲畜牧的第一個條件必須獵取動物，以後纔來想方法去適應動物的性質來飼養。狩獵生活雖在新石器

時代特別盛行，然而在銅器時代也不見得就減少得非常厲害，不過，在遊牧的時候，狩獵却成了經濟生活的副物了。

遊牧時代的上層建築，已經脫離了前一時代的模形，而重新建造了一個適應於遊牧的經濟基礎的另一形式。

最先引起我們注意的是氏族社會的建立。

氏族社會，人們常常把牠和圖騰社會混在一起，這是十分錯誤的，因此，這裏有簡單說明的必要。

（一）圖騰社會以圖騰爲結合的基礎，而氏族社會則以血統爲結合的根據。

（二）圖騰社會着重圖騰崇拜，而氏族社會則着重祖先崇拜。

（三）圖騰社會中的各成員皆以圖騰爲姓名（即所謂羣名 Group-name），而氏族社會其姓名皆以血統關係即祖宗爲標準，異祖宗者其名各異。

氏族社會是從圖騰社會中脫胎出來的，所以不純粹的氏族中也常常含有圖騰的性質，這在石銅兼用的時代特別地來得顯明，不過，到了銅器時代，這個混合的形式多數是消褪了的。

至於銅器時代的人類意識是漸漸從靈魂觀念轉化到有系統的宗教觀念，而形成一種多神教，這多神教之特質，在本身有很嚴謹的體系，並且從這裏誘導出一種宇宙觀與人生觀，及派生出其他思想。

* * * * *

從各時代加以剖解，我們都知道原始時代社會有四個階段，即始石器時代，舊石器時代，新石器時代，及銅器時代，同時我們也知道各階段相互遞嬗的痕跡，遞嬗的原動力與及各時代的社會制度和意識形態等等的轉變，爲便於明瞭起見，這裏權作表示如左：

時代	經濟生活	上層建築之一	上層建築之二
始石器時代	?	?	?
舊石器時代	採集，漁獵之發生	有類似圖騰之初步組織然其集團份子無甚聯結	馬那（Mana）魔術初期的靈魂觀念

新石器時代	漁獵爲基礎 畜牧之開始	圖騰制度	靈魂觀念的宇宙觀
石銅兼用時代	漁獵與 畜牧平行	圖騰與氏族之混合制度	系統的 多神教之原始
銅器時代	畜牧爲基礎 農業之開始	氏族制度	多神論之宇宙觀與人生觀

現在，我們來開始展望我國原始社會罷。

第五章　中國始舊石器時代之討論

中國是否有始舊石器時代，無疑是決定中國歷史時期的一個最重要的關件，然而却又是頂難解決的問題。

民國十一，十二年美國中亞探險隊（Central Asiatic Expedition）安得思（R. C. Andrews探險隊長）等兩次考古外蒙，得動物遺骸甚夥，因知其地生物繁殖之古……十四年夏，韓君組織第二探險隊，加入納爾蓀（Dr. N. C. Nelson）始有重要發現。據奈氏報告，除今蒙人文化外，約分五期：第一期，始石器時代；在阿羅淖爾（Orak sor），有嚴石碎片數千，年歲甚古，中有似爲人工琢磨而成者，當屬原始石器。始石器本來是非常難於考證的，因爲這個石器與天然石器相差不太遠，吾人決不能以少數類似爲人工琢磨的碎片，就因此而斷定有始石器時代。我們要證明始石器之有無，自然要看其貯藏地層的情形如何，因爲在地殼的變遷中，多少有如人工的碎片石器般的出現的，如果我們當作這個碎片之呈現，就以爲有始石器之證明，這是十分錯誤的。除了我們要考證地層的情形以外，我們還要看發現的區域若何，數目若何，始可加以定奪。奈博士等在蒙古發現的石器中是否有始石器，無論如何還是疑問。而且其發現的數目不多，區域不廣，現在，我們當然不能確定那種發現究竟是否始石器，我以爲這還有待於將來的發現如何，而後加以定論。

然而，我們從另一方面看來，外蒙古之發現始石器，也許有可能性，原因是：（一）因爲外蒙古與中亞相近。如果我們承認中亞爲人種起源的地帶的話，則當中亞一部份被冰期時代之冰塊所浸蝕時，在始石器時代人類也許有分佈到外蒙之可能。（二）如果我們相信北京猿人是距今一百萬年即第四紀初期的人種，則我們亦可以斷定人類在很遠古的時期也許有分佈到內外蒙古的可能。因爲這個原故，我們來推測外蒙古有始石器文化之貯藏，的確有可能性。但吾人要注意到的，假如蒙古之有始石器時代，決不是華人的遺留，就是是否爲蒙古人的遺留，也是一個問題。

至於中國有無舊石器時代，據安特生的意見，以爲還是問題。然而，舊石器之發現，在中國地帶却有絕大的可能性。因爲，在舊石器時代的中亞人口密度自然是非常厲害的，這個密度之增加，使一部份人類向東南遷移，而至中國西北一帶，是非常的可能。

本來，人類從中亞向各方遷移，很早就開始了的，他的開始時期，無疑是在始石器時代，向東遷移的人種（遷入於美洲一帶的）至少在舊石器初期也應當是已經開始了。歐洲北部有許多舊石器遺址與無數舊石器之貯藏地，亞洲與北美亦有許多舊石器之發現，而且北美一帶的人種對於舊石器之應用仍極流行，這便是明證。

臺灣人種遷移的路線，是經過中國地帶的，對於這個論斷，差不多沒有人否認的了，幾年前日本考古學者曾在臺灣發現有舊石器那嗎，中國西北部，自然也應當有舊石器，是毫無疑義的事。

今就目前而論，在西北各地，的確已經有了舊石器的發現，而且其發現的區域也並不算狹小，以這來推論中國曾經有過舊石器之遺留，並不是什麼了不得的事。

我國對於舊石器之發現，據吾人所知道的有法國博物學者德日進，桑志華（Père Teilhard de Chardin 及 Père Sicent）等在陝甘河套一帶，特別是寧夏南之水東溝，採掘的數目特多。其次，中亞探險隊，在外蒙亦有大批的舊石器之發現。由此，我們可以正確的說，吾國北方已經有舊石器之遺留，這是無疑的事實。

然而在西北各地發現的石器是否爲華人祖宗之遺留，是值得研究的問題。但從中國原始文化分析的結果，華族在舊石器時代是沒有遷到中國地帶來的。

華人由中亞遷到甘陝等地是在新石器時代的事。因爲在新石器中同時發現的陶器及其各種的文化特質複體。是與我國有史時代所承繼下來的文化相關，所以，新石器時代的新疆甘肅河南等地的人種，無疑是現代華人的祖先遺留下來的，同時，甘肅所採掘的新石器時代之人骨化石與河南所採掘的，據解剖學家步達生（Davidson Black）之研究，以爲和現代華北人非常相似，可見新石器時代之人種爲現代華人之直接祖先是無問題的了。然而所謂舊石器的文化複體根本就找不出有什麽地方與新石器時代相關聯的。

對於中國舊石器之有無，安特生認爲是問題，這是安極愼重的意見。中國現在已經是有舊石器發現了，但其文化狀況却一點都不能從這石器中探究出來，但願將來仍有重新的發現，使我們對於舊石器文化有很好的估價。

第六章　中國新石器時代

第一節　中國新石器時代之遺址

新石器的發現，在中國黃河流域差不多無地無之，特別對於新石器末期及石銅過渡時代的石器，陶器更爲豐富，對於這，我們不能不要感謝地質研究會，及近年來中央研究院的考古成績，尤其我們要感謝一位瑞典考古學大家安特生。

近年我國對於古史之探究與考古的運動，是值得我們贊美的，這一工作之完成，不只是推翻了僞託的、曲解的舊史，而且把中國的歷史，在時間上，至少也完成延長了一倍，這毫無疑義的，在吾國文化史上，開始了一個新的紀元！

到現在止，吾國對於新石器之發現，不下有十餘處，至其發現的地址，則大部份都在黃河流域及西北一帶，在未研究新石器文化之先，這裏，對於較重要的遺址，有簡括介紹之必要。

第一個發現的遺址是在河南澠池縣仰韶村。據安特生博士在中華遠古文化上說，此處所發現的有新石器甚多，石斧、石刀、石鑿、石磅、扁平石環、石鏃，有無數的陶器及骨器，同時亦有人骨化石之發現。

第二個發現的遺址在遼寧錦西縣沙鍋屯的洞穴。民國十一年夏，安特生與步達生等人在沙鍋屯覓得一洞穴，在穴中貯藏新石器器物極多，有磨光的小斧四枚、石刀、石箭鏃數具、石瑗等等，皆有，同時也發現有許多陶器，此外又有人骨化石數具。

第三個發現的遺址是在甘肅。發現者爲安特生。據安氏在甘肅考古記中說，以爲甘肅的遺址可以分做六個時代：

（1）齊家期——在這一期中發現有研磨的石斧、石鐮，及有許多尖銳的骨器。

（2）仰韶期——此期與河南仰韶村所採掘的類多相同，然亦有與河南不同者，如琢磨之玉片、玉瑗，與多數之骨、刀等等，同時河南發現的陶鼎、陶鬲等等，在甘肅遺址亦未有發現。

（3）馬廠期——此期所發掘的墓地有兩處，但無村落遺址，而陶甕花紋却異常美麗。

（4）新店期——發現這期的器物是在一九二四年，其所貯藏的殉葬陶器却與上列各期完全相異。其石器、骨器、除牛馬胛骨所製的鶴嘴鋤外，其他也有相同的。

（5）寺窪期——這期的模範址在狄道縣之寺窪山，其中以馬鞍口之單色大陶甕及足部肥大之陶鬲爲最特色。

（6）沙井期——在鎭番縣附近，尋獲古址多處，爲沙丘所沒。這些古物頗爲相近，故可視爲一期所出，同時在葬地與村落遺址之中，獲得無數的銅器，內有帶翼之銅鏃爲很精緻的作品。

中國新石器之遺址除上列三個重要的遺址外，其餘山東山西陝西等省所採掘之新石器亦非常之多，牠們的文化複體皆多相同，故略而不述。

至於蒙古所採掘之新石器亦多，如石槍頭、石鏃、等等；同時還有灰色的、絳色的、手製陶器，其花紋多爲線紋或幾何圖形。納爾蓀（Nelson）稱爲「沙布克文化」（Shaborakh culture）但是蒙古的新石器文化似與其隣省如甘肅等省不同，這，或不是華族的文化區域。

中國新石器文化，以甘肅遺址所獲得的爲最美，特別是陶器藝術更爲優美世界各遺址均不能與之倫比。唯石器較爲簡單，到了紫銅器時代乃無多大的改進，這却遜於歐洲。

新石器之發現，在我國有數十處之多，其發現的遺址，則多在黃河流域，其文化特質，大都非常相近，至於蒙古遺址是否與甘陝等地遺址發生過關係，到現在吾人仍不得而知，但其文化特質複體却極爲不同，然此問題極關重要，俟吾人加以嚴正的考證後，始可決定。

新石器之採掘，在吾國西北部尤其是黃河流域一帶都有發現的可能，吾人深信，如果在黃河流域一帶再從事採掘，則其發現的次數及區域必漸加多無疑，尤其河南甘陝一帶，其新的發現，更有絕對的可能性。

第二節　新石器時代中國之文化區域

用現在所採掘出來的新石器，加以嚴密的考證，除蒙古還有存疑不加以比較外，最古的有甘肅的齊家期，次爲河南之仰韶期與遼寧沙鍋屯之石器，以這考古學上的證據來推論漢族祖先移動的路線，則吾人可以假定漢族在舊石器末或新石器初期，大概就從中亞遷到巴勒克什湖伊犁河附近而入於新疆邊境之上，後來更向東移動，而入於甘陝一帶與黃河流域南部幾省，特別是河南一帶而成了漢族屯積的中心地帶，那裏因爲氣候、土質與地勢的優良，便成了漢族文化的搖籃地，便成了一個東方的埃及！

新石器時代之漢族分佈得極爲廣漠，所有從甘陝遼寧而至河南等地，其人類體質，幾乎完全相同，而且也是同一的文化區域，這，我們可以從發現的遺骸及石器文化特質複體中考證出來的。「假如吾人將兩系人骨（遼寧與河南）加以比較，在十八具中除了九具較有變異外，其餘多數都可以顯示出沙鍋屯與仰韶村的人骨皆具相同的性質」（註一）「將兩組的人骨特性加以嚴密的探究，則吾人可以重新地看出，石銅過渡時代的人種與近代華北人的體質是相同的……所以吾人很難避免這一結論，卽沙鍋屯與仰韶村的遺骸，如果加以比較的話，則足以代表現今的華北人」（註二）這裏我們可以確定，新石器末期及石銅兼用時代之黃河流域一帶的人種，却是現代的華北人。

今更將甘肅所採掘之新石器時代的遺骸，據步達生說：「初步測驗這骸骨底印象，使我相信爲這骸骨所代表的歷史以前的甘肅居民大多數是原形支那派。」（註三）

種族的特質相同，那嗎，那時的文化也應當是相同，因爲種族特性與文化之相關性，在原始時代是極爲強厚的，這裏來看看安特生的報告罷。

「（一）在遼寧沙鍋屯尋得一器如碗形……質細，黑色，磨礪甚精。與河南仰韶村所得者極似。

「（二）奉天所得諸器中有二塊陶器，爲三足器之足。雖皆破碎，然可推定爲鬲之足無疑，此三足之鬲，在河南遺址所得頗多。

「（三）奉天穴洞之下層得紅地黑花之陶器數片，面極光平，此種複色磨光之陶器。亦河南所得諸器中最富興味而有研究價值者」（註四）

至於甘肅所採掘之陶石器，在安特生的甘肅考古記中，也有極明白之說明河南與甘肅文化之相關：

「甘肅仰韶古址之石骨各器，就全體而論，與河南者極爲相似。」

「甘肅仰韶期之陶器，其與河南異者爲單色之粗陶器極不豐富，而陶鬲、陶鼎之屬則幾付闕如，但無論如何，此種陶器實非常之稀少也。」「至村落遺址之彩色陶器，則與河南者之關係極爲密切，雖其陶器之色，較模範址仰韶村所出暗紅之陶片稍淡，但其上之花紋，實多爲相同之圖案也。」（註五）

當然，遼寧的文化與河南的文化不能完全盡同，因爲除了相當傳佈或接觸外，有其獨立之發明等事實存在，不過，河南與遼寧之同質文化，却比甘肅深刻，至於甘肅與遼寧因爲地理之關係，故其文化之同質性似較爲淡薄，然就大體而言，遼寧河南甘肅的文化區域在新石器時代是相同的。

【附註】

（一）看 Davidson Black: The Human Skeletal Remains from the Sha Kuo T'un Cave Deposit in comparison with this from Yang Shao Tsun & with Recent North China Skeletal Material. P. 97.

（二）同書九八頁

（三）Andersson: Preliminary Report on Archæological Research in Kansu，樂譯五十頁

（四）安特生：中華遠古文化，袁譯第十頁

（五）安特生：甘肅考古記，樂譯第十頁

第三節　新石器時代漢族文化與其他種族文化之關係

人類起源是單一的，當然文化的起源也是一樣，後來因爲人口的移動，而受了地理環境特別是氣候的影響，其體則漸變異，又因各地帶人種對於各種環境適調之性質與程度之不同，所以，其文化也起了很大的遷變。然而，原始社會中，各地帶人種的文化還能保持多少的同質性，因此，歐亞各地所發現的新舊石器，其特質是很多相同的，不過到了後來，這個同質性則漸漸減少而至消逝。今就原始時代而論，中國文化與小亞細亞中亞細亞及北美一帶的文化，皆具有很相近的文化複體，這原因毫無疑義地是跟着種族遷移及接觸的關係中形成的。同時，北美與中亞細亞及中國等地一帶的人種，其體質皆極爲相近，多同屬於蒙古利亞種（Mongoloid），所以，其文化的同質性，無

疑地是較其他的種族爲密切。

爲了種族接觸之程序不同，這裏先來討論新石器文化與中亞細亞的關係罷。

大概新石器時代的新疆是一個中亞與遠東文化交通的孔道，因爲古代之新疆並無現在的沙漠連綿，同時，新疆的山嶺亦不能阻止兩處的民族接觸，所以，甘肅河南一帶的文化皆和中亞發生了密切的關係。

在甘肅所採獲的器物中，除了和仰韶發現的石器有一個密切的關係外，同時也混合有近東文化的成份，這，祇要我們略爲考究器物之形式及陶器之色彩，便可以正確地證明這個事實。新疆是漢族文化的發源地，所以李希佗芬（Richthofen）稱爲中國的「土耳其斯坦」，自漢族遷入黃河流域後，新疆便成了中國文化與西方文化交通的橋梁，自然牠的文化是非常混雜的，因爲牠不只是俱有遠東的文化特質，同時也染有近東的成份，其各種用具的文化複體，也應當是如此。

中國漢族原是從中央亞細亞遷入的，所以她的文化無疑是和中亞發生一個最密切的關係，不過，遷到中國邊境來的漢族，因爲環境之不同，亦產生了大量的異質文化，然在新石器時代，因爲漢族遷入不久，故其文化的同質性，亦有顯著的保留。

特別使我們富於興趣的，還是河南與俄屬土耳其斯坦安奴(Anau)所採掘之新石器時代之陶器，其文化特質有許多簡直是一樣的，爲便利起見，這裏權將安特生博士之比較，轉介紹於左。(如圖)

河南陶紋

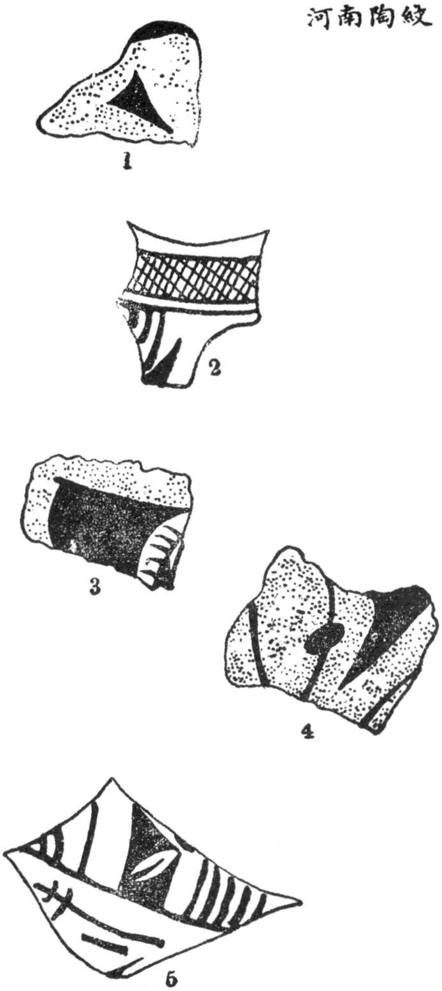

ANAU 陶紋

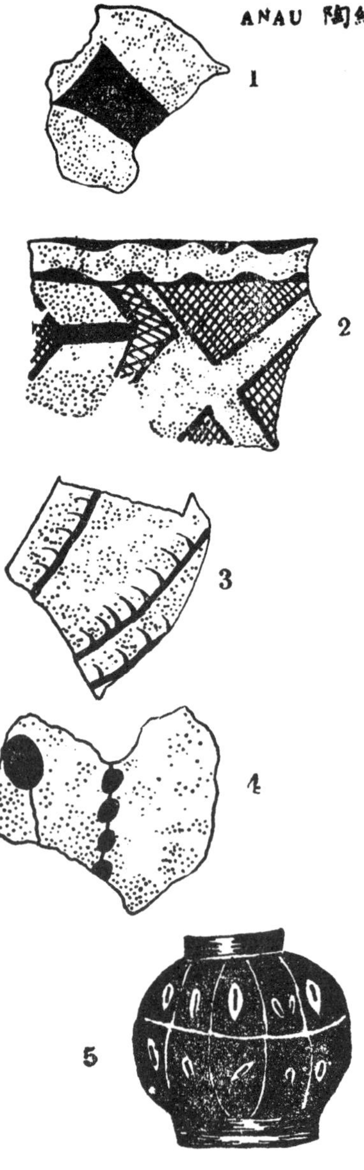

中國新石器時代的文化與西方發生關係，究竟在華族移動過程中所引起的呢，還是移動到黃河流域以後，因兩地交通而形成的呢？這兩者都可能，然就事實加以分析，似乎後者的成分較多，今就中國新石器文化與安奴的文化相同，決不是兩地民族直接交通的結果，而是間接形成的。因爲從安奴的文化傳播到中亞細亞的巴勒克什湖伊犁河一帶，便由新疆傳佈到甘肅而至河南一

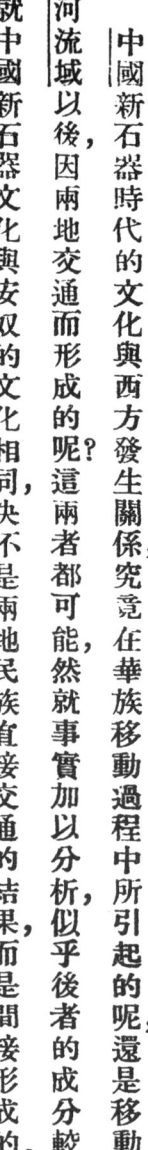

帶，似較可能，原始時代的華人，決不會盤山越嶺的走到迢迢千里以外的安奴地方去的。

在另一方面，新石器時代之滿洲所採掘的石器又多與北美一帶之阿拉斯加挨斯基摩人的石器相似。日本考古學家鳥居龍藏氏所著南滿遠古人種考述半月式及長方式石刀非常的詳細，以為此種石器與亞洲朱克察（Chukchee）人及美洲挨斯基摩人的石刀底形式非常相似。安特生博士認此為「足可為亞洲民族及其血統相連之美洲民族的特徵。新舊石器時代之亞美兩洲，是沒有分割開的，故北美一帶之挨斯基摩人的文化始能從亞洲分播過去。不過，愛斯基摩人與滿洲一帶之同質文化，據我個人之推測，是間接傳遞之結果而不是直接交通所形成的。史家陳漢章先生，在他的中國上古史已經證明古代之番木卽為現在之北美，如此，則華人似曾到過此地，然而，這個考證是否可靠，還是一個疑問。但是據考古學家研究的結果，以為古代亞美兩洲的確未有分裂，如果這是正確的話，那新石器時代之亞美兩洲底文化自然是經過接觸，這是可以斷言的，但古代之華人能否到達北美，却是一個問題。

說到這裏，又引起我對於芬諾洛莎（Ernest F. Fenollosa）理論的回憶。根據芬諾洛莎在中日藝術之時代（Epochs of Chinese and Japanese Art）的原始的中國藝術一章中，以爲中國古代的藝術（3000B. C.-2500B. C.）是受太平洋文化的影響。爲便利起見，這裏先把他的重要底理論作一個簡單的介紹。

「中國藝術及其生活，一樣是賦於漫遊性——一個不能以筆墨形容的慢遊性，那裏距今五千年以前，在無邊底沉默底蒼海中，海濱居民，乘着彫刻的獨木舟從一個地方飄流到別一個地方，而發現了商業的航線……從南美的火國（Fuegian）海灣到阿留底亞（Aleutain Archipelogo）；從堪察加（Kamchatka）南部到塔斯馬尼亞（Tasmania）（註一）

「雖然沒有機會來證明，然吾人可以假定，這些藝術的形式是相同的，這原因是受了太平洋各種族互相接觸之結果而形成的，這同式的藝術，是包括有祕魯、中美、墨西哥、阿拉斯加、以及夏威夷、密可羅內西亞（Micronesia）和早期的臺灣、中國、與日本的居民。我深信這個事實之存在，非常適當地可稱爲「太平洋學派的藝術」，與世界各學派相互抗衡。（註二）

「中國藝術的鎖鑰是牠底早期的動因，是受太平洋藝術的影響，及至後來，便深染着希臘波

斯的形式。（註三）

「原始底藝術，互相傳遞之太平洋藝術，到現在猶用於波里內西亞人。重要的是，便是她的藝術可以找出許多類似中國古代銅器中之形式及紋樣來……中國的龍與太平洋南岸到東北美洲皆相同的，同時也能在新西蘭及墨西哥的藝術中找出相同的性質來。並且同時之出現於阿拉斯加（Alaska）的陶器中，而至較遲的形式也出現於亞碩特（Aztec）的石龍中。」（註四）

這裏，我們除了贊同中國原始社會的藝術與其他沿太平洋的藝術通稱爲「太平洋學派」卽贊同他的同一文化區域外，至於中國藝術在紀元前三千年受了太平洋影響的論斷，則完全是芬諾洛莎的誤解！

其實，太平洋學派的藝術，不只是如芬諾洛莎所說的沿太平洋各地，而中亞細亞，小亞細亞，及歐洲東部都是同一的學派，這大概是芬諾洛莎不會或沒有想到的罷。

在此地，我們却可以看出芬諾洛莎對於太平洋藝術相同底原因，純是假設的，他並沒有以任何具體的事實來證明他的論斷，至於他最大的缺點，便是沒有把文化中心弄淸楚，就遽下定論，自然會產生出不可寬恕的錯誤。所以，這裏最重要的還是要先把文化中心的地帶探究出來。

第一，從考古學上的證據證明了人類的起源是在亞細亞中部，而中國種族是從中亞道經新疆而遷入於黃河流域一帶同時中國民族在移動的途中，或移入於甘肅河南後，是和遷入於小亞細亞一帶的民族曾經發生過文化接觸的關係，中國文化除了一部份獨立發明的以外，其餘的文化大都是由西方傳入的。太平洋沿岸及其他種族，也是從亞洲或由美洲遷過去的，那嗎，其文化也應當是受了亞洲的文化影響無疑。

第二，從地理上說，古代亞美兩洲並未分割，故阿拉斯加人，挨斯基摩人，而至南美的祕魯亞碩特等各種族，都是從亞洲遷過去的，在亞洲的時候，曾有過和中華民族接觸過，在這裏吾人可以證明美洲的原始文化是受了亞洲特別是受了亞洲北部一帶的文化影響。到現在仍有存留的挨斯基摩人和阿拉斯加人的石器，其特質複體多有與吾國新石器相同的，這便可以證明出往昔北美一帶的文化，是曾有過和中國文化或類似中國文化區域的接觸。

第三，在年代學上說，「太平洋學派」的藝術，在吾國在新石器末期或在石銅兼用時代的事，其年代比太平洋各地的藝術都來得古昔，那嗎，太平洋文化是受了中國文化或類似中國文化區域的影響，這是毫無疑義的事。

從上面三種事實加以分析，以推論太平洋的藝術是受了類似中國文化區域（包括中亞細亞小亞細亞及歐洲東部）的影響，決不是中國文化受了太平洋文化之影響，所以，芬諾洛莎的假設完全是失敗的。但是，中國文化又是受西方特別是中亞細亞一帶的文化影響，（小亞細亞與東歐一部的文化亦是由中亞分播去的）因此，我們可以很正確地證明新石器時代太平洋文化區域的中心地帶是在中亞細亞，美洲，南洋羣島，中國及日本，文化都是直接或間接從中亞文化區域分播去的。

【附註】

（一）看Ep chs of Chinese and Japanese Art, P.2

（二）同書第四頁

（三）同書第五頁

（四）同書第六頁

第四節　新石器時代之經濟生活

我們把中國新石器時代的種族遷移，文化接觸，文化特質及文化區域都加以簡單地說明過了，這裏自然地要進一步的去探究當時的經濟生活了。

大概建築於新石器時代之經濟生活爲漁獵，因爲石器的本身，也只能做到這一點，對於這人們是已經知道了的。不過，有許多人却把其他副物忘却而不提，以爲在新石器時代只有漁獵，而絕對地沒有畜牧與農業，這是非常錯誤的。據現在遺留於新石器時代的民族，他們除了漁獵以外，還有畜牧與耕種的存在，例如：北美一帶之挨斯基摩人便是如此。

漁獵時代同時有農業及畜牧之存在，這並不是可詫異的事，這原因，一方面是受了地理條件的影響，然而，人類在經驗累積過程中，也容易有這個發現或發明的。狩獵時所擒得的動物，或捉獲受傷的獸類，人們也很能夠適應牠們的特性，而想法子把牠飼養起來；在適宜農耕的地帶，也自然容易發生農耕。然而，因爲受了當時工具之限制，這些生產也不過是漁獵的副產物罷了。

文化的發生，本來就是重複性的，無論任何次一代的文化，都必然地先抬頭於前一個時代，至少，在前代也就孕育着後一時代的稚形。農業的發生，應當是在遊牧的中期或後期，不過，在適於農耕的地帶，便不見得如此，這個事實，可以十足地在現存的蠻族中證明出來。至於畜牧的生活，當然毫無疑義地在漁獵時代的母胎中就已經孕育着了。

其實，就是漁獵的生活，據近代考古學家人類學家的證明，在舊石器時代也就出現了的。「捕魚已經實踐於舊石器時代——在密達利尼安期，魚鑿及鐵鈎兩種都曾用過——雖然沒有新石器時代來得盛行。」（註一）

「狩獵是一個最古的職業，在密達利尼安期穴居人的箭矢叉頭，便證明這個職業的存在，並且，舊石器人類底許多早期的工具中，無疑是有槍頭的應用了。」（註二）

文化或社會之演進本來是矛盾性的，自然經濟生活也是一樣，這兒正是依着辯證法的發展！

新石器華人已經遷移到黃河流域一帶，當然，在那時的華人也多數是屯積於黃河沿岸附近，在那裏可以過着一個很優美的漁獵生活，關於這，安特生在甘肅考古記中也曾有過簡單的說明。

古代之新疆甘肅一帶的沙漠，在新石器時代也許是一個湖泊，為那時人類一個很重要的漁場，因為後來地質之演變，或雨水缺乏的原故，到現在纔會變到這個田地，也未可知。黃河流域在新石器時代，因為人口稀薄的原故，自然有許多荒蔓的叢林，很適宜於狩獵生活的，同時在狩獵時所捕獲而剩餘的活獸，原始人類自然能夠想法子去飼養，所以在新石器時代的華人也曾有過畜牧的習慣無疑。

說到農業，在那時已經發生了。因為，黃河流域一帶的地層，都很適宜於農耕，聽說那裏的黃土層極為深厚，土質也很肥美，在這個環境中，自然是有農耕之產生，不過那時的農業所種植的東西，卻不一定完全是供給人類的食物。

然而農耕儘管發生，畜牧儘管實行，但他們仍然不能作當時的經濟生活之中心，牠們不過是漁獵之副物能了。

【附註】

（一）Wallis: Anthropology, P. 109

（二）同書一一七頁

第五節　新石器時代之社會制度

人類社會由舊石器到新石器，在文化上是一個大的進步。舊石器時代，因爲經濟基礎的低微，自然人類的關係也是非常薄弱的，所以，那時的社會組織也應當是極爲單純。然而，人類自進入於新石器時代時，生產工具起了一個大的變革，同樣，經濟基礎也從採積的時代轉變到漁獵的時代，建築於這個經濟基礎上的社會組織，自然也跟着轉變到一個新的模型。

建築於新石器時代的社會制度，大都是圖騰制度，世界各民族如此，吾國亦莫不皆然。

圖騰社會，在現存的各民族，大都經過這個階級的，牠到現在亦流行於澳美各地的野蠻民族中，但在吾國，在商代的時候，便完全消褪了。

圖騰社會很容易使人和氏族社會相混淆，甚至有人以爲有氏族社會而無圖騰的社會，而且還有人把圖騰社會和氏族社會視爲一樣的東西或混淆着名爲「氏族圖騰社會」，爲了這個原故，這裏似有簡略說明的必要。

在現存的野族中，這兩個社會的形式常常在一塊地方存在着，甚至把這兩個形式混合在一塊，而形一種半氏族半圖騰的方式，這個正在嬗變途中的社會形式，人們遂以此認為兩者，實在是同一的東西，這是極為錯誤的。

圖騰社會是建築於動植物之崇拜而形成的社會制度，而氏族社會則建築於血統的關係之上，而構成一種的社會形式，在年代上說，圖騰社會是先於氏族社會，我們決不能因為兩者混在一塊，便朦朧不懂，認為兩者是同性質的社會組織。

圖騰社會與氏族社會，無論在經濟基礎上，政治制度上，或意識形態上，都有絕大的分別，對於這，把圖騰社會看完了以後，同時再看銅器時代之氏族社會，便可明白，為避免重複起見，這裏不必多說。

圖騰社會分佈得非常之廣漠，在美洲，澳洲，美閫內西亞（Melanesia）非洲，及亞洲一部，仍有這種存在。例如，美洲辛尼加（Senecas）部族內有狼、熊、海龜、海狸、鹿、鷸、鷺、鷹八族。不過，這個圖騰已經是混合有氏族的成份，到了現在圖騰禁忌(Totemic taboo)已經漸漸地減少了，但從大體上看來，仍然是前氏族的社會形式，所以摩爾根(Morgan)認爲是氏族社會實在是一種錯誤。

圖騰社會之形式，其分佈之原因，到現在仍爭論得很厲害。獨立起源學派的人，以爲圖騰社會之組織是獨立創造的一種社會制度，傳播論派的人，如斯密斯(Elliot Smith)則認爲絕對是傳播的東西；到了後來文化學派的巨子哥登魏塞(Goldenweiser)經過了很多的研究，以爲這個社會組織之出現，一方面有獨立發明的事實，同時也有傳播的影響，故他以爲圖騰社會的制度是一種湊合演進(Convergent evolution)所形成的，並不是純粹傳播的或獨立發明的。「這就是說，在一個地方，其「圖騰」形態有一定的出發點，在另一個地方便又不同，但只有兩者的化合，纔有今日相似的複體存在」(註一)這些論斷自然是高氏的主張較爲正確，因爲圖騰社會的組織，除了傳播的事實外，還有地方的性質，即獨立創造的特點，這是無疑的。

圖騰社會的形態，在我國現在是沒有了，至於臺灣這個制度依然還有殘留。據林惠祥先生說，在臺灣番族有些地方仍有崇拜「蛇」爲自己圖騰的風俗。平常將蛇像掛在祖堂的門首，等到舉行祭祀的時，便把圖騰掛在祖堂的中心，這是林先生親口對我說的。在他的臺灣番族之原始文化中亦有這種記載，「番族之姓氏則頗奇，大么族及阿眉族無姓，他族有姓；其姓大都爲「太陽」（Taihira）「蟬」（Camrarai）「狸」（Puptol）等似有圖騰之遺意」（註二）這個制度在我國新石器時代的黃帝堯舜之傳說，也有這個制度之存在。

本來，黃帝堯舜的傳說，根本上就靠不住的，因爲依社會進化的觀點看來，那時根本就不會有如史書所記載的一樣完善，古史辨一般人認爲是儒家的僞作，自然是非常正確的。不過，傳說的事實也未始沒有一點形影，因爲許多古代的傳說，都很合於社會進化的史實，所以，我們將黃帝堯舜當作一個時期來劃分中國原始社會的「名辭」也未嘗不可以。

史記五帝本紀有「炎帝欲侵凌諸侯，諸侯咸歸軒轅。軒轅乃修德振兵，治五氣，藝五種，撫萬民，度四方；教熊羆貔貅貙虎以與炎帝戰於阪泉之野，三戰而後得志。」黃帝傳說爲有熊族，那時大概熊族爲這數種圖騰的領族，所以，黃帝纔能領導各圖騰的諸侯去和炎帝作戰。黃帝是否有其人，吾人可以不必去追究，不過，這個史實却非常適合於新石器時代的事實。

在另一方面，新石器時代之有圖騰社會之存在，也能夠從新石器時代之陶器繪畫中看得出來。如圖：

（一）甘肅出土之辛店葬地陶器

（二）甘肅仰韶期之陶器

第一圖上，甕身兩向及中間共有三個動物的圖形，這三個圖形假如在左者是「虎，」在右的是「鹿，」中間的爲「熊，」這些圖形無疑是和圖騰有關的。至於第二圖則純是一種「蛇」的圖

騰繪畫，不過那時的繪畫是近於幾何體，不完全是寫實體，但寫實體的成份仍佔着極重要。其彩色所繪的及便是蛇，中有或者就是蛇鱗，以這來和臺灣所發現的相比較，却非常相似，如圖：

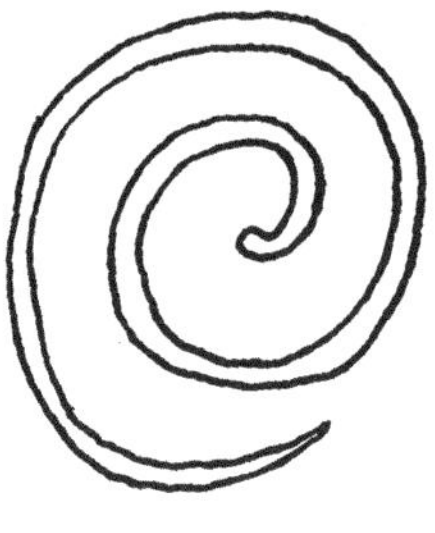

蛇盤旋形（見陶甕）

此亦大蛇形（見陶磁器）

蛇鱗（大匙）

通見林惠祥：台灣番族之原始文化

二七一——二九頁

同時，我們也可以和澳洲的北部部族的「蛇」圖騰繪畫相比較，如圖，臺灣的「蛇」底圖騰到現在仍有遺留，吾國新石器時代之仰韶期中或許也有「蛇」的圖騰，仰韶期的蛇圖騰繪畫，不只是和臺灣很相似，同時和澳洲的蛇形亦極爲近似，所以吾國在新石器時代中，大概是有蛇的圖騰無疑。

原始繪畫與圖騰很有關係。因爲每一個用具上都應當繪繪自己的圖騰，來作本族的符號，在現在各地的圖騰社會，其所崇拜的圖騰多繪於陶器之上，或刻於木製的器物之上，並且繪於祠堂及住宅的壁上，和刻於屋內木板上，以作本族的記號。在我國各神廟中也仍有這個特質，這或者就是圖騰繪畫的遺留也未可知。

圖騰社會第一個特徵，在政治上便是圖騰聯邦的組織，甘肅出土的辛店葬地陶甕，上面有三種的圖騰繪畫，如果牠的繪形是「虎」「熊」「鹿」的話，則那時

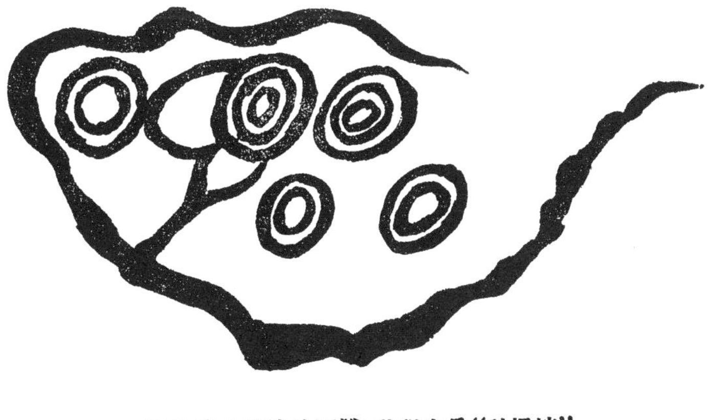

這是地上所繪的圖騰。其祖先爲“神怪蛇”

見 C.S. Burne: Questionary and Terminology of Folklore

有虎熊鹿三個圖騰所組成的聯邦，而熊居其中，這或者就是領族。同樣，黃帝教熊羆貔貅貙虎和炎帝作戰，這明明是一種圖騰聯邦制的傳說，黃帝傳說上是有熊族，而熊族又居其首，所以，熊族爲那時候的領族亦無疑。在堯舜的時代亦有這個傳說，例如，書經的舜典中有這樣的記載「帝曰：疇若予上下草木鳥獸，僉曰益哉。帝曰：俞，咨益，女作朕虞。益拜稽首，讓於朱虎熊羆。帝曰：女諧！」在這幾句短短的問答詞中，已經把圖騰聯邦制的特徵完全畢露出來了。書經雖是靠不住的東西，堯舜雖然沒有這個人，然而這個新石器時代的傳說，無疑是華族曾經過這一個階段。

圖騰社會的第二個特徵就是圖騰聯邦的各族，皆有共通選舉，共通罷免的權利，這個事實，在現今各圖騰社會仍履行着這個形式，這在吾國書經上亦有類似的傳說。如：

「堯曰：嗟，四嶽！朕在位七十載，汝能庸命踐朕位？嶽應曰：鄙德忝帝位？堯曰：悉舉貴戚及疏遠隱匿者！衆皆言於堯曰：有矜在民間曰虞舜。」

四嶽是各圖騰族舉出來的代表，所以，選舉與罷免酋長的時候，要受他們來決定。在未決定選誰以前，則由大家推舉出來，而後由酋長及代表來決定。

當然，他們選舉酋長却是一件最重大的事，所以他們都很愼重考慮，你看堯帝讓位的時候，其對於選舉是何等愼重！不消說，那種選舉要比現代的掛羊頭賣狗肉的所謂民選的民主政治要眞實得多。

圖騰社會第三個特徵就是埋葬有一個公共地。圖騰社會中，父母的觀念是沒有的，自然更無所謂親屬的關係，因此，每一個人死了的時候，皆埋葬於公共場所，大家一起致哀，並無所謂親疏的分別。安特生在河南甘肅等地的採掘，皆有許多的葬地發現，並且同時有許多喪葬陶器之發現，其所繪的喪紋，便是紀念死者的表現。

圖騰社會的第四個特徵爲族外婚姻。流行於圖騰社會中的婚姻制度爲族外婚姻，即禁止同一圖騰內的男女結合，這種血緣之漸次認識，便爲形成氏族時代血統關係之主要成分。族外婚姻之形成不是優生的認識，而是當時社會與文化的條件所致。

至於親子間，兄弟與姊妹間的血族婚姻，在圖騰社會中幾乎是完全消滅了，其實就血族婚姻看來，在舊石器時代，也不見得非常流行，其所以有這種現象的產生，大多是特殊情形所致。

族外婚姻制爲新石器時代之特徵，但對於族內較遠的結合，却是有的。現今尼爾格利（Nilgiri）山附近之度達人（Toda）仍有這種風俗，達沙羅（Tartharol）族中的「潘」（Pan）小族的人，他不能向泰華羅（Teivaliol）族去選擇女人，但只能向自己達沙羅族中的另小族去選取（註三）這個轉形期的婚姻形式，在現在世界的各圖騰族中，有的仍有這樣的殘留。凡有這個形式殘留的，大概亦有共婚制（Sexual Communism）的遺留。

圖騰社會雖然是實行族外婚姻，但却履行兄弟間的共妻制。即兄弟同妻，妻子同夫，所生下來的兒女是兄弟間共有的，他們互相稱爲父親與兒子。對於這種方式，現在野族的圖騰中多有流行，這在我國亦有類似的傳說。建築於這個婚姻制度上的家庭吾人稱爲多夫多妻制的家庭，用摩爾根的術語來說，便是彭那魯亞家庭。(Panaluan family)

圖騰制度第五個特徵爲姓名的共有，其姓名皆以圖騰爲標準。這個形態是和其他的形態相聯繫，這在吾國大概亦有這種特徵存在過，唯不能從石器時代所表現的文化形式中找得出來，同時，古書上亦有這個類似的傳說，但是這個特徵却非常流行於現今的圖騰社會中。

上面已經把新石器時代的圖騰社會底情形大概地說過了，這裏，再來看看我國新石器時代的意識形態罷。

【附註】

（一）Lowie: Primitive Society, P. 141

（二）林惠祥：台灣番族原始之文化，第七頁

（三）Lowie: Primitive Society, P. 17

第六節　新石器時代之意識形態

思想是受經濟基礎決定的，大概反映於新石器時代的經濟基礎底思想，有下列數種形態：

（一）靈魂觀念（Animism），

（二）圖騰崇拜，

（三）天體與其他實物之崇拜，

（四）圖騰禁忌（Totemic worship）。

所謂靈魂觀念，據泰萊爾（Edward B. Tylor）的意思是：「一種稀薄的非實體底人類的意像，牠的性質爲一種氣體、微光、黑影；生活與思想的因素；自己佔有的意識及意志，現在與過去；遠離於身體的智能，遊離的閃爍；無數底不能摩觸的、不能看見的體力，尤其是呈現於蘇醒與睡眠底幻覺中離開身體而所見的類似事物；人體死了能繼續再生於人間；能夠進入，佔有，及動作於各人的身體，動物，而至植物之中的事物。」（註一）在此地我們可以看出靈魂觀念實在是含有魔術（Magic）與馬那（Mana）兩種的因素，因此靈魂觀念是在新石器時代中是進一步的意識。

這是必然的，因爲在原始人類眼中的宇宙間的事物，與自己生活的活動，皆含有迷妙神祕的性質，這些現象雖然是引起他們的注意與恐怖，然而他們是得不到正確的解決的，因爲受着薄弱的經驗所約束，但是又不能不想方法去解釋牠。結果便產生了以人格或靈魂的觀念去解說萬事萬物的變化及其運行的現象。所以靈魂觀念就是新石器時代人類的宇宙觀與人生觀。

圖騰崇拜與靈魂觀念有密切的關係，實際上，圖騰崇拜之產生完全是從靈魂觀念演繹出來的，因爲圖騰崇拜所崇拜的不是機體的動植物，而是超機體的抽象存在。

圖騰崇拜實質上便是祖先崇拜的前影。

因爲新石器時代的人類，相信自己所崇拜的圖騰爲自己的祖宗，換言之，相信自己爲圖騰所演化出來的。類如，以「蛇」爲自己的圖騰，則相信爲自己的祖先，以爲同族的人都是從蛇化生出來的，所以，新石器時代人類之崇拜圖騰實含有祖先崇拜的原形。

圖騰崇拜無疑是一種宗教崇拜，而且是最原始的宗教，從這裏起，便造成了一個宗教意識的原形，「馬那」與魔術雖然多少含有宗教意識，然而牠們只是宗教崇拜的前身，因爲牠們不過是原始人類的神祕與懼怕兩種因素所化合而成的心理模式，而沒有健全的宗教行爲。到了圖騰社會起，人們纔把宗教崇拜及其意識建立起來，然而，這並不是說有了圖騰崇拜便沒有「馬那」及魔術之存在。「馬那」與魔術爲圖騰的宗教意識的最重要的元素，而且在圖騰時代的社會中依是極爲流行，這是文化發展與衰萎的矛盾與慢性作用的原故。

從圖騰崇拜所演繹出來的爲天體與動植物之崇拜，但是對於這個宗教崇拜和圖騰崇拜不同。在原則雖然有很少類似之點，但其性質却有「主」「客」之分，圖騰崇拜爲「主神，」而其他宗教崇拜則爲「客神，」這正如我們崇拜自己祖宗以外，還有崇拜各種宗教及神祇一樣。

最後新石器時代的思想有一種特別引起我們注意的，便是從圖騰崇拜中所形成的圖騰禁忌。例如，現在臺灣仍有這種風俗之存在：「派苑族對於一種毒蛇之崇拜……其崇拜之故有神話說明之……又有一部云：昔有兩靈蛇，所生之卵中產出人類，是爲我族之祖先，故對於那種蛇不敢殺害云。」（註二）

圖騰崇拜與圖騰禁忌，雖然在不能在採掘的實物中得到證明，但在我國古書上也有類似的傳說。事實上吾國各地的祖堂廟宇中的動物彫像（有些地方仍有圖騰柱之遺留）與民間禁食某某動物的血肉，不能說就不是一種圖騰崇拜與禁忌之殘存。

【附註】

（一）Tylor: Animism, The Making of Man, P. 638

（二）林惠祥：台灣番族之原始文化，第二六頁

第七章　中國銅器時代

第一節　銅器之分佈

銅器是跟着新石器來的，但銅器的製造，並不完全在銅器時代，其實銅器之製造在新石器末期便開始了的。不過，在那時候銅器之作用仍不能支配整個社會生活，牠仍然附屬於新石器，或兩者平行，所以一般人類學家考古學家，不叫做石器時代，也不叫做銅器時代，而稱牠爲紫銅器或石銅兼用時代（Copper, or Eneolithic age）。

大概在石銅兼用時代所有的銅器爲紫銅所製造，但是以紫銅來作生產工具的却不多，而原始人類又喜歡把牠當作裝飾品，並且紫銅所製的刀刃之類本質上也並不是非常堅硬，且容易發生氧化作用而至被腐蝕，因此，石銅兼用時代的紫銅器不能完全地支配整個的時代，而還要附屬於石器的領域中。

銅器時代之開始是在青銅應用的時候。所謂「青銅」(Bronze)是用紫銅和錫化合而成，其製造的工具較爲堅硬。

在銅器時代，因爲紫銅發現較多，一方又借助於錫的應用，所以，那時候以青銅所製造的工具漸漸增多，無論在量的方面或質的方面，都比石器勝一籌，結果石器文化爲銅器文化所代替。

銅器所佔的時間極爲短少，這原因，一方面自然是銅的發現不多，然銅之不耐用也是一個原因，他方面又因鐵的發現很早，並且人們很曉得將熔銅之方法來熔鐵，而鐵所製造的工具又比銅器堅牢而耐久，所以銅器時代很早就被鐵器所佔去。爲便利起見，這裏把各地之新石器、紫銅器、銅器，及鐵器諸時代所佔的年代，比較如下：

從下表看來，可知銅器時代在歷史上所佔的時間最短，這在我國亦有同樣的情形。華萊斯(Wallis)以爲中國之銅器時代起於紀元前二千六七百年左右(見下表，)這是根據我國古書上所說的，實際上我國的紫銅器開始於夏(?)商，到了殷代之際纔眞正入於銅器時代。其所

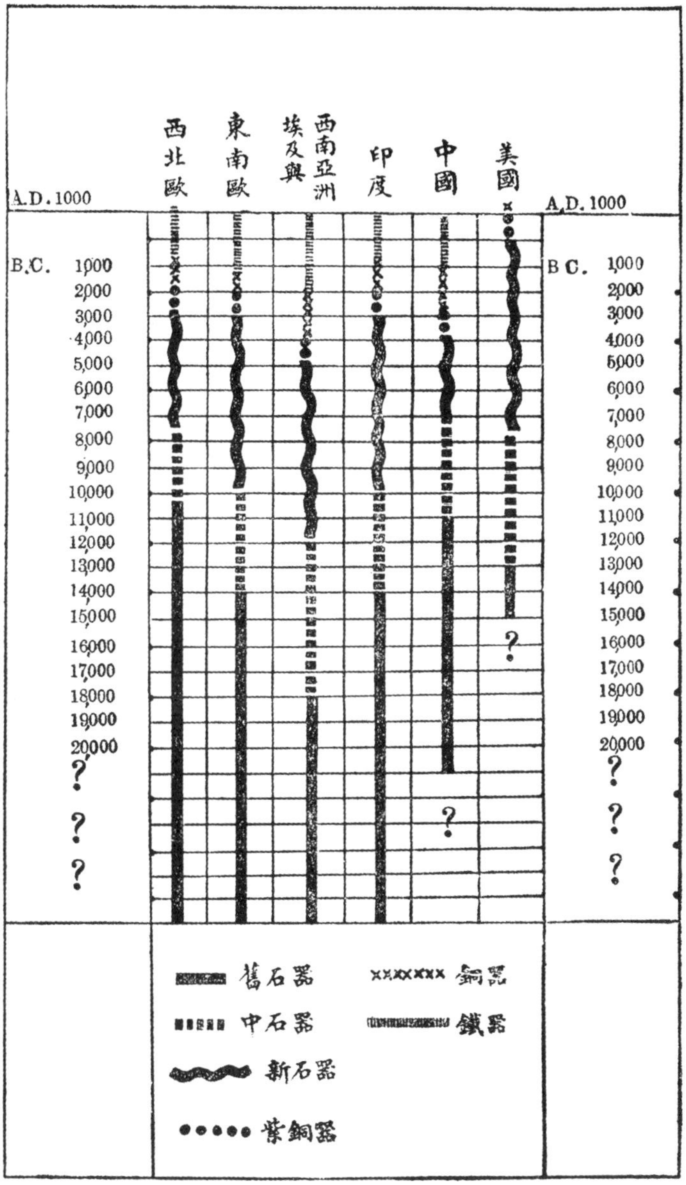

看 Wallis: Anthropology P. 87

佔的時間不過有數百年之久，較之石鐵器時代所佔的時間，相差極遠。

這裏，來看看我國對於銅器採掘的狀況罷。

對於地層之發掘，在我國還是萌芽時代，所以，其成績依是非常微弱，因爲這個原故，對於我國原始時代的社會底研究，是感覺得非常困難的。所以，吾人今日之研究，仍是局限於幾年來所採掘的銅器來探究當時的社會及文化狀況，因此，吾人今所研究的，仍然不能作爲定論，對於這，還有待於將來的決定。現在，據吾人所知道的，對於銅器之採掘，只有下列數處。

（1）甘肅——安特生將甘肅的文化分爲六期，前三期爲新石器時代，後三期，爲紫銅器時代（石銅兼用時代。）紫銅器時代之三期爲：

（A）新店期——這一期始有銅器之發現，然其發現不多，據安氏說，這期遺址所發現的銅器極少，其中有小許類似刀劍之類。

（B）寺圭期——在狄道縣之寺圭山。附近仰韶期的村落古址，發現一葬地，在葬地之中獲得有小許銅器；在西寧縣屬之下窰及下西河又發現有許多小件銅器於葬地之中。這一期的銅器，其發現的數目較前期多矣。

(C)沙井期——在鎮番縣附近，尋獲古址多處，爲沙丘所沒，在葬地遺址及村落遺址之中，採獲了無數的小件銅器，內有帶翼之銅鏃，除銅器外尙有多數之貨貝及綠松石的珠飾等物。

(2)河南——河南仰韶遺址並無銅器之發現，然在他處如小屯村等却發現極多，且多爲青銅所製造的。

河南遺址，多有銅器之發現，其形式較爲複雜，然大都從前一期的新石器所遺留下來的形式。據吾人所知道的有銅鏃，銅戈，銅刀，銅鑿，銅鼎，銅鬲，等等。

(3)蒙古——據納爾遜報告，在蒙古發現有許多銅器，內有銅刀等物。但蒙古採掘之銅器是否爲華人所製造或用過，到現在吾人不敢加以定論，仍是一個還待討論的問題。

(4)他處發現的聞有山東山西等地，山東發現的銅器更夥，其形式大都與河南發現的相似。

到現在止，銅器之發現仍極少，且無新石器之多，就發現的銅器而論，其區域之分佈亦無新石器來得廣漠。原因是（一）銅器較易氧化而被腐蝕，（二）銅器文化的時間較短。然吾人可以測定，在黃河流域數省，多爲中國銅器時代之區域，如能繼續挖掘，當有重新的發現無疑。銅器之發現多在黃河流域，尤以河南山東爲最多，其文化複體也來得進步，於是吾人可以下一定論，即銅器時代的文化中心地帶，已經從甘肅移到河南來了。

第二節　銅器底時代的討論

然而，吾國的銅器時代開始於什麼時候呢？對於這，還是一個正在爭論的問題，到現在止，仍沒有得到一個具體的結論。這裏我們來看看所謂幾位歷史家的回答罷。

（一）胡適與顧頡剛在古史辨中，以爲商代是新石器時代，而不是銅器時代。

（二）繆鳳林以爲「中國金屬器之使用遠在殷商之前。」（註一）

（三）章鴻釗之分期，以爲始用銅器器代在炎黃之世；銅器全盛時代在夏商周三代。（註二）

（四）馬衡以爲「始入銅器時代之時，至遲亦當在商初，雖其時或爲石器銅器交替之時，但

不能不謂之銅器時代，故言中國之銅器時代，必數商周兩代。」（註三）

（五）郭沫若以爲殷代都還是金石兼用的時代。（註四）

至於依據古史的記載，則有所謂太昊以來之錢幣，黃帝之鑄鼎。書本有「揮作弓」「夷牟作矢」「蚩尤以金作兵器」「蚩尤作五兵：戈，矛，戟，酋矛，夷矛」等等之記載。

我以爲要回答這個問題，不應當依靠古書上的傳說，因爲古史的記載都是後來的假托居多，如果要得到正確之結論，唯一的要圖還是要靠地層的發掘來回答。這是唯一的方法，因爲根本上，缺少實在性的古史，決不能代我們來回答這個問題的。

到現在止，紫銅器的發現，在年代上來推論，大概在夏商之際，安特生在甘肅所採掘的，即多屬於此項。到了殷代之時，銅（靑銅）的應用，已經是非常的普遍了，據近年來在黃河流域特別是河南各地出土之銅器，除了少數夏商之間的用具外，其餘大部份的都是殷代產物。羅振玉在發掘龜甲文時，同時所發現的銅器極多，較之安特生在甘肅所採掘的，精緻而進步得多，而且多數是靑銅做的。羅振玉馬衡兩人從甲骨文中證明此種器具爲殷代之產物。因此，這裏我們可以得到下列兩個結論：

（一）夏商以前爲石器時代，而夏商兩代爲石銅兼用時代。

（二）中國銅器時代之開始實際上就是在殷代的時候。

所以，胡適與顧頡剛謂商代爲新石器時代，是石銅兼用時代之誤；繆章兩君之說，更是無稽；馬氏之分期雖較爲正確，然亦有點錯誤因爲他將石銅兼用的商代認爲是銅器時代；而郭君以殷代仍是「金石兼用」時代，是他估量時代之錯誤。

文化是重複性的卽辨證性的發展，我們決不能在一個時代中，因爲同時用了兩種的工具，就把時代向低或向高估計。殷代雖然是銅器時代，但在夏商之時，吾人不能說那時就沒有青銅器。同樣，紫銅器雖在夏商之際，然吾人亦不能決定前代便無紫銅器之存在。

我們估計時代，是要看那種工具能否支配當時的社會，在夏商之時，紫銅雖巳應用，然而，却不能完全把石器的文化推倒，而兩者互爲平行，所以吾人稱夏與商代爲石銅兼用時代。然而，到了殷代之際，青銅完全佔據了整個時代，無論在量的方面或在質的方面都佔了優勢，佔了文化統治的地位。

在另一方面，殷代雖然是銅器時代，但吾人亦要承認那時應當還有石器之遺留，這在辨證法論者及文化重複性觀點看來，這是必然的，決不是什麼稀奇的事。爲使人們便於明瞭起見，這裏對於文化重複性的說明，有圖示的必要。

新石器紫銅器及銅器之重複圖

時期	百分比		
	新石器	紫銅器	銅器（青銅器）
早期新石器時代	一〇〇	〇	〇
中期新石器時代	九九	一	〇
末期新石器時代	九〇	一〇	〇
紫銅器時代（第一個形態）	七五	二五	〇
紫銅器時代（第二個形態）	五〇	五〇	〇
紫銅器時代（第三個形態）	四〇	五〇	一〇

銅器時代（早期）	三〇	三〇	四〇
銅器時代（中期）	一五	一五	七〇
銅器時代（末期）	三	三	九〇

看 Wallis: An Introduction to Anthropology P. 96

無論任何文化都是重複的卽矛盾的發展，我們否認了這個事實，是不可救藥的錯誤，同樣，把文化的混合，遂把劃分的時代向前或向後估計，這是不可寬恕的錯誤！

我們已經把這個問題結束了，現在更來看看我國銅器時代和外族文化接觸的關係罷。

【附註】

（一）看繆鳳林：評馬衡中國之銅器時代。

（二）見章鴻釗：中國銅器鐵器沿革考。

（三）見馬衡：中國銅器之時代。

（四）見郭沫若：中國古代社會研究。

第三節　銅器時代之文化接觸

嚴格地說來，各種族的文化都是從湊合而形成的。所謂湊合是：（一）把各地借來的即傳來的文化互相混合而成另外一種文化模式，（二）把傳來的文化與自己獨立發明的文化互相混合而成一種特殊的文化模式，至於純粹獨立發明的却是非常之少，非常之少。

中國文化，很顯明的，是由新疆甘肅一帶而漸漸傳佈於陝西遼寧乃至河南等地。到了銅器時代，因爲華人多屯積於河南及其隣邊各地，同時文化的中心也跟着從甘肅移到河南來了，對於這，上面已經很簡括地說明過了。

我國民族在中亞細亞時代，是與遷到小亞細亞近東各民族的文化互相發生過血統上的關係，這，在前一章中已經明白地指明出來了。後來因爲人口密度的增加與氣候的改變，使中亞人口向着各處移動，一處由中亞沿裏海一帶入於兩河流域，他一處則由伊犂河入於新疆，在遷移過程中，兩處的文化應當是互相交通的，就是到了新疆甘陝河南一帶以後，吾國文化仍與巴比侖（Babylon）亞述（Assyria）發生了交通，所以，銅器時代的巴比侖亞述土耳其斯坦中國各地，仍和新石器時代一樣是同一的文化區域，雖然其文化異質性漸漸加多了，然其同質性仍佔着極重要的部份，所以，我們可以稱牠們為「東方文化區域。」

銅器時代的中國文化是屬於東方文化區域，那嗎，殷代的文化自然也和巴比侖亞述的文化不能分開的。

我以為殷代除了各種物質文化外，在非物質文化上最重要的是：

（一）八卦（演繹出陰陽的宇宙觀及人生觀。）

（二）曆法。

（三）干支（造成卜筮等等之觀念。）

這裏先來討論八卦、曆法、干支、三種，對於其所演繹出來的意識形態，待另節來討論。

吾國殷代所用的八卦符號和巴比侖亞述所用的楔形文（Cuneiform）發生一個很密切的關係，拉恭比錫（Laconpesic）以為中國的八卦就是巴比侖的楔形文，這雖說得過火，然而也不是完全沒有根據的。

你看"⚊"與"⚋"所形成的"☰"（父）"☵"（水）"☴"（長女）"☱"（口舌），與巴比侖楔形文由""和""所形成的""（水）""（口）""（女人）""（父親，）其文字的組織不很相同嗎？我們雖不能說八卦就是楔形文，但八卦之組織底原理看來是與巴比侖的楔形文字有密切之關係無疑。

八卦之產生是依據生殖器官而形成的"⚊"為陽性的，"⚋"為陰性的，以這「近取諸身，遠取諸物」的陰陽符號，來解釋宇宙間萬事萬物之消長，這無疑是一種生殖器崇拜之產物，不過，這個符號之形成與構造的方法看來，無論如何與巴比侖的楔形文字有密切之關係。

同時，吾國般代曆法是陰曆，這個陰曆完全和巴比侖一樣，非有文化交通的關係，其同質性決沒有這樣的程度。

干支的應用在商代始有，商殷的時候，人名多用干支之字，這是否與巴比侖有關，吾人不敢假定，不過，從文化接觸的關係看來，吾國之干支也應有和巴比侖發生關係，因為干支的應用根本上就和曆法聯在一塊的。

老實說，吾國文化在銅器時代，仍是一個傳播的時代，吾人只要把吾國商代殷代的文化特質加以分析，則多與中亞及小亞細亞的文化相近。但吾人亦不能說那時吾國的文化一點獨立發明的都沒有，不過從大體上看來，仍是以借來的居多，大部份的文化都是從中亞細亞小亞細亞接觸而來的，直到春秋戰國時代，吾國纔眞正的入於一個偉大底創造的時代，然而這個偉大的序幕是從殷代掀起的。

第四節　經濟生活

我們大概已經明白了：中國進於石銅兼用時代，大概是在夏商之際，到了殷代的時候，始由石銅兼用時代轉入於銅器時代。建築於這個工具上面的經濟生活，大概就是遊牧。遊牧之開始在於夏而盛於殷，這原因無疑是受當時工具之質量不同所致。

在夏的時候，漁獵已經漸漸地失勢了，一般上層的人，却把漁獵當作一種遊戲的性質。

傳說上，太康因爲出外戲獵，盤遊無度，畋於有洛的地方，十旬猶沒有回來，使到政治日益廢弛，人民極爲恨怨，所以，他的弟弟五子作了五首詩歌，說他的哥哥怎樣的不中用，但五子又用着柔和的口吻勸他的哥哥快點回來。如果這個傳說是正確的話，則那時一般上層階級的人，已經把漁獵當作遊戲的了，

在殷代特別引起我們注意的是一樁因爲畜牧的關係，而引起一個有名的畜牧時代底大戰。

「甲寅歲莫，上虞羅叔言參事（卽羅振玉）撰殷虛書契考釋，始於卜辭中發現王亥之名，嗣余讀山海經竹書紀年，乃知王亥爲殷之先公。」（註一）

郭璞引竹書曰：殷王子亥賓於有易而淫焉，有易之君緜臣殺而放之，是故殷主甲微假師於河伯，以伐有易，克之，遂殺其君緜臣也。（松案：有易卽有扈氏族。）

山海經大荒東經：王亥託於有易河伯僕牛。有易殺王亥，取僕牛。

易經亦有喪牛羊於有易的故事，如：

「喪羊於易无悔」（大壯六五），

「鳥焚其巢，旅人先笑後號咷，喪牛於易，凶。」（旅上九）

王亥因牧牛於有易而致被有易之君緜臣殺死，因爲這個原故，引起殷易兩氏族的戰爭，結果，緜臣終爲殷主甲微所殺。這是何等一個有趣味而又有價值的故事！

王國維先生說：「觀其祭日用辛亥，其牲用五牛，三十牛，四十牛，乃至三百牛，乃祭禮之最隆者，必爲商之先王先公無疑。」不是遊牧時代，決不至有這許多牛來作犧牲的！

同時，關於遊牧的記載，充滿了易經的全部。畜牧最盛的時期是在商殷兩代，這，到了現在，差不多是沒有人否認的了。

然而我們却不能說，有了畜牧的生活便不需要漁獵，或者如郭沫若般地當作遊樂品，這是錯誤的。其實到了畜牧時候，漁獵一樣是佔着主要的地位，不過，在畜牧時代的漁獵生活已經變爲副產物罷了。這祇要我們看看易經便可明白。

而且，在畜牧時代也有農業之產生，而且牠的地位較漁獵更爲重要，因爲家畜的食料除着天然所有的以外，還需人類的耕種來供給。生產的經濟在此時佔着重要的地位。

畜牧的盛行，容易超過必需的程度，而產生過剩的狀態，要補救這一個弊病，則惟有進行實物的交換，然而，實物的交換，在那時已不能爲當時的經濟狀態所滿足，因爲人民必需的物品增加，以物易物的方法，決不是當時社會所要求的交換方法，而是要想法子來推倒這個單純的交換方式，以代替間接的交換形式，結果便產生了貨貝的應用。

貨貝的應用，結果遂產生了下列數種的事實：

「旅卽次，懷其資，得童僕貞。」（旅六二）

「納婦吉，子克家。」（蒙九二）

「商克未寧」（兌初九）

只就上面易經所載的三種事實，那種的經濟生活，可以歸納出下列三種形式：

（一）人民可以利用貨貝，以取得商品妻妾及童僕。

（二）商業已經抬頭了。

（三）貨貝的累積造成了私有財產的制度。

貨貝交換的出現，社會上產生了兩種的商人：

（A）一種爲累積商品的商人，以W－G－W'（W＋w）爲增殖商品之形式。

（商品）（貨貝）（增殖之商品）

（B）一種爲累積貨貝的商人，以 G—W—G'（G＋g）爲增殖貨貝之形式。

（貨貝）（商品）（增殖之貨貝）

殷代商業之產生，形成初期商業資本的原形。

商業資本不是制度，而只是一種交換形式。祇要有商品與貨幣的流通，便可以形成商業資本所以，商業資本能產生於氏族社會時，同時也可以流行於封建時代與資本主義時代。馬克斯說：貨幣及商品的流通可以適用於各種不同的組織底生產範圍。這無疑地是絕對正確的。

【附註】

（一）王國維：卜辭中所見先公先王考

第五節　社會制度

到了畜牧時代的社會制度，已經和漁獵時代不同了，最顯明的，就是從圖騰的制度，轉變到氏族的制度。

然而，石銅兼用時代的氏族是和銅器時代的氏族是不同的，因爲前者是建立於女權中心之上，後者是建立於男權之上的。

以女權中心建立的氏族爲女氏族，以男權中心建立的氏族爲男氏族。在我國女氏族則以女姓分封，男氏族則以子姓分封。

如果夏代是有的話，在年代上推論正是安特生博士所謂的青銅器時代——卽石銅兼用的時代。所以，夏一代的各氏族皆以女姓爲標準。史記夏本紀「太史公曰：禹爲姒姓，其後分封，用國爲姓。故有夏后氏，有扈氏，有男氏，斟尋氏，彤城氏，褒氏，費氏，杞氏，繒氏，冥氏，斟戈氏。」

銅器時始於商末而盛於殷，在商代的時候女權已經發生了動搖，到了殷代男權遂代之而起，所以表現於那時代的氏族，則以男姓爲標準。史記殷本紀「太史公曰：契爲子姓國，其後分封，以爲姓。故有殷氏，來氏，宋氏，空桐氏，稚氏，北殷氏，目夷氏。」

氏族的成分不同，表現於政治的形式與內容也自然是相差。

由圖騰社會轉換到氏族社會的途中經過圖騰與氏族相混淆的一種政治形式，表現於這個政治形式的，在禹一代特別的明顯。

在禹的一代仍是半圖騰半氏族的聯邦政治，所以，禹老年的時候，已經決以地位讓給益的，並曾和益共同管理政治凡十年之久。後來卒因夏后氏族之強盛，纔把益的地位掠奪去的。啓之所以能夠攝政，決不是「啓賢，」實在是啓的武力太厲害了。

啓不是姒的親子，或者是禹的妻子底姊妹之子，因爲在一妻多夫時代，妻的姊妹之子，仍稱爲己子。「禹爲姒姓，其後分封，用國爲姓。故有夏后氏，有扈氏……」這明明是說禹爲姒氏族，與啓的夏后氏族不同，明明啓不是禹的親子！

因此，夏代的政治以子爲繼承，不是親子的繼承。如果將夏的傳子習慣認爲和周代相同，眞眞是不可救藥的錯誤！

商的初期依是石銅兼用時代，故其氏族的組織仍帶有女氏族的色彩，所以從契到湯仍沿用非親子的繼承法，但是商的後期而至殷代，的確轉變到男氏族去了，然而那時並無嫡庶之分，所以其繼承的方法，只是「兄終弟及。」

氏族時代的政治為獨裁的形式，並無圖騰時代之所謂圖騰聯邦制的存在，所以，啓掠奪益的地位，使有扈氏族不服而致引起夏后與有扈兩氏族的大戰，硬要用武力去壓服各氏族，使他的統治能夠鞏固。

氏族的混戰在夏殷各代都非常流行，這正表明出氏族社會時代的政治純是一種氏族的「狄克推多制。」你看啓伐有扈氏時所作的甘誓，湯伐夏桀時所作的湯誓所說的話是何等凶惡，何等令人發慄！

難道氏族的混戰，不是氏族獨裁制的結果嗎?!

不過，氏族社會雖然實行氏族狄克推多制，雖無聯邦的平均統治，然而，分封各氏族便成了這時代的特徵，從這時起，便孕育着後來封建制度時代各諸侯的割據形式。

氏族時代的諸侯與封建時代的諸侯兩者純是不同的東西。氏族時代各諸侯，因爲其生活不甚固定，非常不容易建立割據政權的形式。反之，到了封建時代，因爲農業發達的結果，其生活漸趨安定，同時階級層之對立，特別是地主與農奴的對立，遂使封建貴族地主有割據政權之要求。然而，封建時代的割據政權，無疑是孕育在氏族時代的分封！

構成氏族政府的成分，大概就是王，侯，武人，君子。王是各氏族最高的統治者，他不只是統領政治，同時也統領軍事，所以啓伐有扈氏，高宗（震用）伐鬼方的時候，也要親臨戰線。侯爲一氏族的酋長，統領一氏族的政治軍事。武人是純粹管理軍事的人。而君子則純粹管理政治，所以那時人民所望的管理者爲「勞謙君子，」大概君子是最接近人民的管理者。（上面的證據純粹是從易經上找出來的。

至於流行於氏族社會的婚姻形式，有三種：

（一）一妻多夫流行於石銅兼用時代。在年代上推論是在夏商之際。

（二）暫時偶婚制——是從一妻多夫過渡到一夫多妻的一個短期的婚姻形式，推行這個婚姻形式的，大概是在商末殷初之際。

（三）一夫多妻制——盛行於殷代。

夏與商初都是實行女的氏族，所以夏代及商初（由契至湯）都是以子繼承帝位，（非親子之繼承）其最大的原因，便是男權沒有建立。在商初除專祭先公先王外，對於先妣亦有專祭，而對於先考却無專祭的習慣。

到了商代末年及殷代初年，因爲女權漸漸低落，而男權又沒有强固的建立，於是有一種暫時偶婚制的形式。例如，在易經中有這樣的記載：

「屯如邅如，乘馬班如，匪寇婚媾。」（屯六二）

「乘馬班如，求婚媾如。」（屯六四）

「乘馬班如，泣血漣如。」（屯上七）

「三人行則損其一，一人行則得其友。」（損六三）

「入於其宮，不見其妻。」（困六二）

大概暫時偶婚制的求婚方法，是男的騎着白馬到女的那邊去，等到雙方同意後則結爲夫妻，但據摩爾根的意思，暫時偶婚制，夫妻不一定履行同居的義務，這似乎是眞的。你看：「一個男人騎着馬兒去求婚媾，但是得不到她的允許，他只得騎着馬兒回來，然而他的臉上已經沾着淚珠了」（乘馬班如，求婚媾如乘馬班如，泣血漣如）「他扮飾得很漂亮，騎着白馬跑得很快，他並不是爲寇的，而是求婚媾的呀！他很快活了，因爲他得了她的愛呢。因此，他在丘園中粉飾得很美，來着片片的帛箋在踏舞呢」（賁如皤如，白馬翰如，匪寇婚媾，……賁於丘園，束帛箋箋。賁上六六五）然而「他又不幸，回到家中來她又不見了。」（入於其宮，不見其妻）這裏正可以看出暫時偶婚制，夫妻不一定是共宿，至少，家庭的聯繫也非常薄弱，很容易引起動搖。

然而，到了殷代的時候，因爲戰爭的頻繁，特別是貨貝的應用，女權漸漸衰落，代而起的便是父權的建立。因而，便由暫時偶婚制轉變到一夫多妻制的婚姻形式了。例如，易經的記載有：

「畜臣妾，吉。」（遯九三）

「納婦吉，子克家。」（蒙九二）
「得妾以其子，無咎。」（鼎初六）
在這數句的記載中，我們可以找出下列數種事實：
（一）子可以承家。
（二）有妾的產生。
（三）婦女的商品化。
祇要上列三種事實，便可以十足的表現出殷代底父系家庭及其一夫多妻制的特色。
同時，遊牧時代特別是末期的時候，因爲氏族間的混亂與貨貝商品的流通，使那時的階級有極明顯的分化。在易經的記載中有：
「利用刑人。」（蒙初六）
「或從王事。」（訟六二）
「遇主於巷，無咎。」（睽九二）

「懷其資得童僕。」（旅六三）

「畜臣妾吉。」（遯九三）

「好遯君子先，小人否。（遯九四）

「納婦吉子克家。」（蒙九二）

「碩果君子食君子得輿，小人剝廬。」（剝上九）

「利武人之貞。」

「不克訟歸而逋，邑人三百戶無眚。」（訟九二）

從上面的記載中，我們可以找出那時候的階級有：

（一）政治上的支配階級——王，君子。

（二）軍事上的支配階級——王，侯，武人。

（三）經濟上的支配階級——商人，牧主。

（四）生產階級——邑人，（最大多數的平民）小人。

（五）奴隸階級——臣妾，童僕，俘。

第六節　意識形態

人類學家說「意識是適調環境的產物。」這正如馬克斯（Karl Marx）所說的「不是意識決定存在，而是存在決定意識」一樣。

社會自從新石器進到銅器時代時，便引起了經濟生活的轉變，同時也動搖了當時的制度及人類意識或思想。

從新石器到銅器時代，經濟生活便也從漁獵到畜牧，在社會制度上便是從圖騰制度演進到氏族制度，反映於人類的意識，主要的便是從情緒衝動而引起的宗教觀念，轉化到有系統的宗教理解。

人類從圖騰社會演進到氏族社會，最引起人們注意的，便是血統關係的認識，因而，使從圖騰崇拜轉化到祖宗崇拜。

在商代有先公先王及先妣的專祭，據王國維先生的意見，以爲這個制度，直到殷代仍有殘留。這是無疑的，因爲在母氏族統治之下的社會，沒有先祖崇拜是一定的事實，然而，到了殷代，因爲男氏族統治的結果，先祖的祭祀反比先妣爲重要：（過其祖，遇其妣）（易經小過六二）這個記載是指明出祖的地位較妣爲高，而妣的排列反在先祖之下。

除了祖宗的崇拜以外，還有多神教的崇拜。「王假有廟，王用享於岐山」（斥六四）「自天佑之，吉無不利」（大有上九）「王用享於西山」（隨六二）這裏證明出人類除崇拜自己的祖宗外，還要崇拜天地。並且天神地祇的保佑力還更來得猛大，所以，王要親身到岐山或西山去享祭，虔誠念佛可以長生，王到西山去祭祀大概也可以保佑他長生不老，不，還要保佑他的地位千載萬年！

原始人類的腦袋是富於宗教性的，思想如此，行爲何常又不是如此!?

二十世紀的現代仍有許多人相信宗教，然而，這在原始時代是很平常的事。基督教徒們無論到什麼地方都要祈禱，然而，原始人類無論到什麼地方去也要問問卜筮先生。基督教徒們告訴我們道：祈禱是非常見效的。但是原始人類也會告訴你們道：卜卦眞是靈顯！不相信麼？你看西伯將出獵的時候，卜筮先生告訴他說：所獲非龍，非彲，非羆，非虎，所獲霸王之輔。（！）（史記，齊太公世家）結果，西伯眞的獲得了「霸王之輔」的太公！這不是卜筮勝於祈禱的證據嗎？

還有，還有性的崇拜與禁忌！

性的崇拜與禁忌，在現在看來是何等簡單而幼稚的思想。然而，爲了牠們，中國纔有支配數千年的儒家學說的產生，——牠們是儒家學說的中心觀念！

不信，且聽我道來。

原始時代因爲原人文化累積薄弱底原因，所以，其對於環境與自身的了解是非常薄弱的，然而又不由他們不想法子來理解。

個體間接觸最密切的，自然是人類本身，而人類本身最差異的便是異性生殖器官，這個不同的生殖器官相交的結果，會產生同樣的人，豈但是人類這樣，凡是動物都是一樣呀！在原始人類類似推理的心理的結果，以爲其他的宇宙間的具體的抽象的現象，一樣也是從異性相交的結果。這正是「古者庖犧氏之王天下也，仰則觀象於天，俯則觀法於地，觀鳥獸之文與地之宜，近取諸身，遠取諸物，於是始作八卦」的註腳！

人類異性的交感，會演生出同樣的個體，這在原人看來是非常神祕的，這神祕的東西定有超人的力量存在，所以便恐怖起來，這一恐怖遂產生了恐怖的行爲：在積極方面產生出性的崇拜，在消極方面遂產出性的禁忌來。

性的崇拜，一到儒家的手裏，便產出下列的結果：

（一）產生了「孝」的意識。因爲，人類對天體要祭祀，同樣對父母也要奉侍，這是要「孝」的根據。所以，孝的起源最初是在宗教學上的，到了孔子手裏纔加上血統的觀念。

（二）由孝的意識產生了「仁」的觀念。這，我們的夫子已經代我們回答了君子務本，本立而道生，孝弟也者，其爲仁之本歟。

（三）同時，孝也產生出「忠」的意識，因爲人子對父母要孝，同樣，臣僕對君主亦要忠，兩者是一貫的，不過，前者建築於血統之上，後者建築於階級觀念之上。

（四）他如「信」「愛」「義」「誠」也是上列數種觀念之支流。

性的禁忌在原始時代是很流行的，然而吾國學者却很少注意到這點。妥施爾（Alfred Marston Tozzer）在社會起源與社會連續中這樣說：性的禁忌好像是初期的法律般的，而牠有牠自己的體系，和制度一樣。可見性的禁忌在原始社會中的重要。

性的禁忌在美國社會學大家湯姆斯（Thomas）所編的社會起源之材料（Source Book fo Social Origins）及羅維之原始社會中記載得特詳。這在吾國易經中亦有同樣的記載，例如：「家人嗃嗃，悔厲吉；婦女嘻嘻，終吝」（家人九三）的記載。殷代是男權的社會，所以其禁忌或避諱總是女多於男。

性的禁忌一到儒家的手裏。便產生了如是的結果：

（一）性的禁忌底結果最初便產生了「道」的觀念來，道以正名爲本，所謂「父父，子子，兄兄，弟弟，夫夫，婦婦，而家道正，正家道而天下定矣。」

（二）有男女之道而後有男女之「禮。」所謂男女不雜坐，不同椸枷，不同巾櫛，不親授。嫂叔不通問，諸母不漱裳。外言不入於閫，內言不出於閫。女子許嫁纓，非有大故，不入其門。姑，姊，妹，女子已嫁而反，兄弟不與同席而坐，弗與同器而食等等。

（三）道產生「禮」同時也得出「德」的觀念來。

他如「恥」的意識，亦是從上列數種觀念的支配。

話說得太遠了，現在應當回過頭來，看看性的崇拜與禁忌在當時有何等影響。

第一個影響，便是從這個觀念構成了當時人類的宇宙觀與人生觀。

在類似推理之下，原始人類以爲一切的變化都是異性相交的結果，異性的對立，不只是創造出機體同時也創造出社會及超人類的現象。他們受着巴比侖楔形文的影響而創造出理解一切事物的陰（⚋）陽（⚊）符號。「⚊」與「⚋」的相交創造出一切，變化着一切。易傳替我們解釋道：「夫乾（卽⚊）其靜也專，其動也直，是以大生焉；夫坤（卽⚋）其靜也翕，其動也闢，是以廣生焉。」（繫辭上傳，第六章）「是故闔戶謂之坤，闢戶謂之乾，一闔一闢謂之變……」（同前第十一章）這眞是再明白也沒有！

「一」是陽性的符號：「乾」「男」「天」「剛」；「--」是陰性的符號：「坤」「女」「地」「柔」。一切現象都是天與地，男與女，乾與坤，剛與柔，相交的結果，牠們是萬物的創造者，同時又是萬物變化的主動者。

第二個影響，便是從陰陽的觀念構成一個「唯性的辯證法」辯證法最主要的定律為：

（一）矛盾的發展律（是——否否——是）。

（二）聯繫律。

（三）量質與質量的變化律。

對於上列各種條件在易經的觀念中差不多都是俱備了的。

依據序卦傳上下兩篇，據我的意思，在牠的排列上，可以分為三大鏈環，在一個小鏈環中又包括着許多小鏈環：（上篇）

第一個鏈環——正題。(These)

屯（蒙）蒙（需）需（訟）訟（師）師（比）比（小畜）小畜（履）履（泰）泰

（否）

第二個鏈環——副題。(Anti-these)

否（同人）同人（大有）大有（謙）謙（豫）豫（隨）隨（蠱）蠱（臨）臨（觀）

觀（噬嗑）噬嗑（賁）賁（剝）剝（復）

第三個鏈環——合題。(Synthese)

復（无妄）无妄（大畜）大畜（頤）頤（大過）大過（坎）坎（麗）麗（離）

至於下篇，我們亦可依其次序排列爲：

第一個鏈環——正題。

恆（遯）遯（大壯）大壯（晉）晉（明夷）明夷（家人）家人（睽）睽（蹇）蹇

（解）

第二個鏈環——副題。

解（損）損（益）益（夬）夬（姤）姤（萃）萃（升）升（困）困（井）井（革）

革（鼎）鼎（震）震（艮）艮（漸）
漸（歸妹）歸妹（豐）豐（旅）旅（巽）巽（兌）兌（渙）渙（節）節（中孚）中孚（小過）小過（既濟）

第三個鏈環——合題。

爲節省時間與篇幅起見，只將上篇的原意解釋如下：

世界上有了物的生存（屯）就需要食料的供給，沒有食料便會發生飢餓（蒙），已有了飢餓就不能不求食（需），大家都要求食，當然會發生爭執的行爲（訟），有了爭執就需要領袖們來排解（師），然而，領袖之產生是從人羣中選擇出來的（比），這比較優秀的人，又是需要從教養中取出來（小畜），因爲教養以後，人類始有禮貌的行爲，這時候世界始可平安的過去（泰。）無疑的，這時人類社會是調和的，均衡的發展，這時便是均衡發展的時代。（正題）

然而，均衡之中也含有矛盾的成份，所以平安（泰）之中有變亂之產生……一直變亂到極度的時候，（剝）這時便是均衡之破壞。（副題）

但是，物極必反變亂極了又會重新再回到平安去的，所謂「亂極必治」便是這個意思。所以，雖是亂到極度之時，又會有復原的時候（復）無疑的，社會復原以後，又會向着更優美的進步的方向進行（離——離者麗也，）從這時起又是均衡重新恢復的時候。（合題）

所謂矛盾，聯繫，及量質變化律，牠們都俱備了的，但是牠們的理解是以陰陽觀念爲基礎，所以，我人稱爲「唯性辯證法。」

有了這個辯證法，銅器時代的人類纔能從情緒的宇宙與人生觀念推進到系統的理解；有了這個辯證法，纔能孕育着春秋時代的創造！

第八章　中國原始藝術

第一節　緒言

藝術是一種意識形態，牠和科學、哲學、宗教，一樣地是社會的上層建築。因此，對於原始的藝術有詳細剖解之必要，因爲，在這裏，我們可以很正確地去追求原始人類的思想或心理模式。以文字來敍述或描寫當時社會的生活和人意識的爲宗教、哲學，乃至爲科學。以圖形（繪畫，彫刻等等）來表現於某一種物體之上的爲藝術，從意識形態中，藝術與宗教、哲學乃至科學，在表現方法上看，並沒有什麼差異，所差異的，是表現的方式不同。藝術的表現方式爲圖形而着重審美的觀念；而宗教學、哲學及科學的表現方式則爲文字而着重理解的方面；然而，牠們的表現人類意識形態，却是一致的。宗教的神祕，哲學的奧妙可以用藝術的方式表現出來，科學的理論如「生存競爭，優勝劣敗」的天演論又何常不可以用藝術的方式把牠表現出來？

實際上，藝術與文字原來生過血統上的關係，在原始時代文字依然是附屬於藝術的領域中，甚至兩者是同一的形式，所謂繪畫文字（Picture-writing）便是這個典型。從藝術的圖案中，我們不只是可以看到當時社會生活的情形，同時還可以探究出當時人類思想與心理模式。在原始的藝術上我們可以找出流行於原始社會之人類思想如宗教，魔術，及神話來。「藝術與宗教的相關性已經是親密的及多數的。藝術的動機分染着宗教領域的各方面，……同時，極引起我們注意的，便是藝術帶有魔術的傾向。……有許多區域的藝術又關聯着神話」（註一）基督教藝術的象徵主義如羔羊，十字，希臘字母的始末兩字，皆是一種宗教的圖形。賦於魔術性質的中央澳大利亞阿浪泰（Arunta）的圖騰獸類之沙磧繪畫，北美東北海灣一帶之圖騰藝術，則爲神話藝術很好的代表。

審美觀念爲人類的特性，從審美觀念而形成的藝術應該很早就產生了的。到了現在，從考古學上的證據，證明人類在舊石器時代的奧勒那西安期（Aurignacian）中已經有藝術的產生到了下期即密達利爾安期（Magdalenian）其藝術已經是很發達的了。法國南部（註二）及西班牙穴居人所住各地都有很發達的藝術。（註三）現在發見的藝術雖然最早還在奧勒那西安期，但吾人可以推測人類之有藝術產生，應該是早於奧勒那西安期的。

藝術之材料是受着地理環境決定的，例如熱帶人類多有象牙之藝術，但在寒帶的人對於這種藝術却是很少很少，這個限制是形成文化區域的主要成分。至於藝術的形式，雖然很多是傳播的，但因受環境之影響，亦有其獨立發明的成份湊合在內。又因人類時常的遷移，其所接觸的環境亦時常不同，因爲調適環境之結果，而又使藝術的技術發生差異。因此，人類移動的次數越多，地理的距離越遠，則其藝術相差亦異甚，這樣一來，文化的區域漸漸增多，文化中心亦漸漸發生變動。

人類的環境漸漸變異（物質的，非物質的）則人類的生活方式亦漸漸分化，反映於生活活動的藝術自然是漸漸不同，不只是形式，色澤，技術之歧分，同時人類的意識及心理模式也發生距離。因此，研究原始藝術不只是探究其變異的階段及路線，更重要的還是要闡明當時的生活模式及反映於生活模式的思想或意識形態。

【附註】

(一)看 Wallis: An Introduction to Anthropology, P.P. 446-447

(二)馬達西的藝術可以參考 A.F. Osborn: Men of the Old Stone Age, Chapter VI, P.P. 459-464

(三)參考 M.C. Burkitt: Prehistory, Chapter XV, P.P. 193-221

第二節 藝術區域及其遷移

藝術本來就是一個文化模式，從其繪畫的形式上看，可以說是物質文化，表現於圖形上的心理模式，便是非物質文化。因此，藝術模式與其他文化模式發生一個嚴密的關係，大概各部落之文化不同，其藝術也差異，換言之，藝術區域之分佈正如文化區域之分佈一樣；文化區域之不同，同時又是藝術的模式亦不同。

藝術之分佈是有一定的區域的，至其區域之差異，常與各部族距離之遠近相關：其差異之程度與地理區域之近遠為正比，換言之，部落距離較近的，因為彼此間接觸的機會較多，故其藝術的同質性較深；反之，部族距離較遠的，因爲文化接觸之機會少，其藝術同質性較少，而異質性較多。這個定律十足的可以應用到原始社會的藝術區域。例如我國新石器時代之陶器藝術河南之仰韶村與秦王寨之同質性較深於甘肅之仰韶期，這原因無疑是其地理距離較近的原故。

一個部族的藝術總是與其相隣的部族之藝術發生重複之作用，每一部族的藝術都與其隣近各部族的藝術發生不可分離的關係，這個定律，差不多可以應用到一切較近或相連的部族。因爲這樣，一個藝術的區域常常包含着許多部族。

然而，藝術區域並不是靜的，牠是常常的改變或擴大的。在某一個時代甲部族的藝術爲屬於乙部族的，但到了另一個時代，便又附屬於丙部族了。這個改變之唯一底因子，便是文化競爭及淘汰的結果，因爲較低劣的藝術常常是受着較優秀的藝術所消滅或代替。這個現象在原始時代如此，在文明時代亦莫不一樣，至於藝術之賦有擴張性亦極顯然的事實，例如發明於某一部族的回紋，（回紋爲東方文化區域所特有，但其發生地在何處到現在我們還不大知道）這個回紋會漸漸傳佈出去而爲其他部族所接收，這樣一來，其傳播的作用有如波紋一樣，會慢慢的擴張出去。

同時。我們常常可以看到藝術的傳播離發明地越遠的，則其文化同質性的複體會漸漸的淡薄。

韋斯萊（Wissler）教授以爲文化（藝術自然也是一樣）的傳佈從中心到邊層常常因其區域距離之遠近爲比例。例如今假定有ABC三個區域，如A區域發明的文化，其複體爲3，但到了B區域其文化複體則變爲2，而傳佈到C區域時則又變爲1了。如圖：

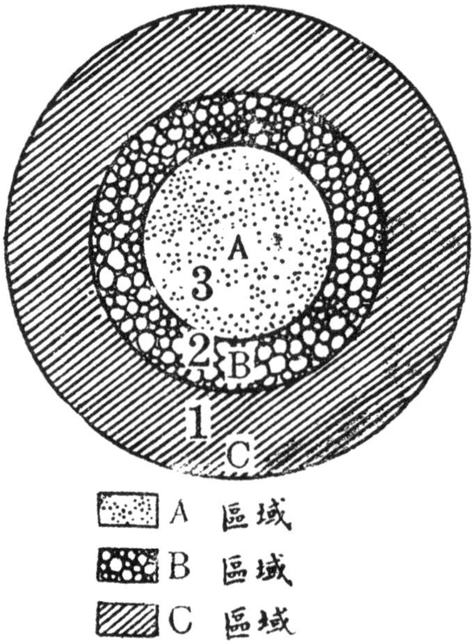

從右圖我們可以知道，A部族發明的文化，其特質複體（Trait-complex）有三的，傳到B部族則減少三分之一，再傳到C部族時則減少三分之二了。這個定律除却大山大河所阻止外，大概藝術之傳播便是如此。

藝術區域與文化區域一樣，有其中心的地帶和邊境的地帶。大概藝術之形式在中心地帶較純粹於邊層地帶，而邊層地帶其藝術之形式是互相混合的，如圖：

A區域的藝術從中心地帶傳布到次中心區域時則常常減少其原有之成分而且混合有另一藝術區域如B，C，……G藝術之元素，到了邊境區域時，其混合的程度更爲厲害，甚至有些地方的藝術完全由數種藝術區域的成分輳合成的，如右圖（2）的藝術成分

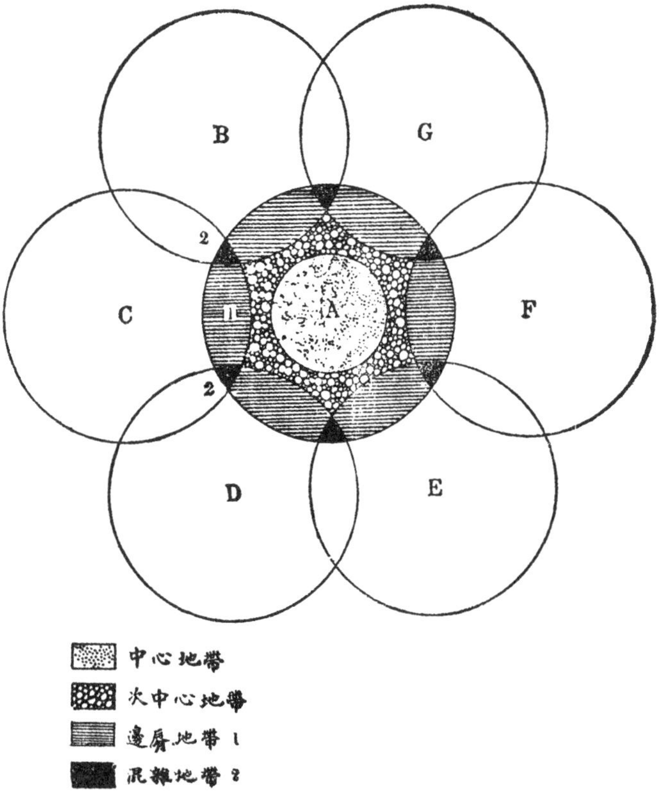

爲A+C+B，（2）的藝術爲A+C+D，三種藝術區域的成分而形成的，這，我們可以叫做「混雜的藝術區域」。

藝術區域之區分改變，及其各區域成份之差異已經解說過了，在未說到我國原始時代的藝術區域以前，這裏有把歐美原始藝術作一個簡括的陳述之必要，因爲這個說明，對於吾國原始藝術之解剖有密切之關係。

北美挨斯基摩人雖然不是一個部族，但他們却能組成一個文化區域及藝術區域。愛斯基摩人的藝術大部份爲頭巾和外衣的羽毛裝飾，骨或象牙之彫刻紋樣，後者大部份爲人獸圖騰之寫實體底代表，而極近密達利爾安期人之藝術。愛斯基摩人之文化區域西部的藝術，便已沒有染到隣近西北海灣一帶的面具藝術了。面具藝術是西北海灣藝術的特性，爲獸類圖騰的代表。這個圖形一部份是象徵的，一部份是寫實的，這些方式爲這區域之特點。至於平原區域，其重要的藝術爲各種幾何體的模式——直線長菱形，正方形，三角形——這些裝飾藝術之元素，因形式大小而有差異。就西南方面的藝術來說，其藝術圖形與陶器很有關係，大概幾何圖形爲這區域的代表，雖然在沙士的繪畫上有寫實體的紋樣存在，然而其多數皆與魔術宗教的活動及儀式聯繫着。就是加利福尼亞（California）南北兩地的藝術亦有顯著的差異。

至於歐洲藝術之分佈各區域亦互有不同，今就新石器及銅器時代之歐洲各藝術區域的繪畫及彫刻紋樣來看。其最著名的如法國考古學家莫爾幹（J.De Morgan）指導之下而採掘的波斯南部蘇薩（Susa）遺址；埃及早期之杜落（Tray）藝術；愛文（Authur Evans）所採掘之克勒特（Crete）遺址，乃至布吐爾（Butonir）的裝飾陶器等等，彼此間雖然發生過傳播的作用，然其藝術區域仍極爲顯明，彼此間的模型，紋樣等等亦有極大的差異。（註一）

現在。再來看看我國新石器時代與銅器時代之藝術區域罷。

歐洲的藝術大都從中亞細亞的安奴（Anau）裏海（Caspian sea），蘇薩（Susa）等地傳過去的，美洲的藝術亦是如此，而中國原始的藝術亦和這些藝術發生過極爲嚴密的關係。（對於這，考古學家安特生博士在他的甘肅考古記及亞恩博士（Dr. Arne）在他的河南石器時代之着色陶器兩書中，說得極爲明瞭，）所以中國與歐洲美洲的原始藝術，仍保留着許多同質性的藝術方式及紋樣。然而，因爲彼此間的地理距離太遠，而藝術的特質複體却發生了許多變化。時間距離異久，則藝術差異亦異深，到了銅器時代，亞歐的同質藝術已慢慢消褪了。

新石器時代中亞爲舊世界的藝術中心地帶，至於歐洲及中國則爲中亞藝術的邊境區域(Marginal area)，因爲歐洲與中國彼此間的地理環境不同，人類適調各異，故彼此間產生了大量異種形態的藝術。如將「中亞藝術區域」再把牠區分，則中國與歐洲可以劃成兩個不同的區域。到了銅器時代，這兩個藝術區域極端的引起異化。

至於中國本身的藝術在新石器時可謂同一的區域，今以甘肅與河南兩個代表遺址加以詳細的剖解，則其藝術特質複體大致相同，唯表現於陶器上的紋樣，却有多少差異，即從河南仰韶村遺址與甘肅仰韶期遺址加以比較，則甘肅新石器時代的藝術爲寫實體與幾何體平行，但在河南的遺址則傾於幾何體紋樣，而極少寫實體的模形遺留，有之也只有少數的類似日月圖騰的繪畫，至於和甘肅般的動物圖騰之繪畫，則爲極少。

新石器時代的藝術河南不及甘肅之優美，這無論在任何方面看來，都是無疑的事實。然而，到了銅器時代，因爲文化中心地帶移入於河南去了，同時其藝術的中心地帶亦跟着變動。

河南銅器時代不只是採掘了許多用具，同時還發現有許多龜甲文字，但在甘肅除了發現紫銅器外，而青銅器却絲毫未有獲得，而且從沒有文字之發現。

紫銅器時代或石銅兼用時代的甘肅，其藝術仍帶有極濃厚之圖騰繪畫，但在河南銅器時代之藝術其圖騰繪畫已經是沒有了，中間雖然有無數動物紋樣，但這紋樣並無與社會組織發生過直接關係，從繪畫中表現出來的，完全是一個宗教的意識形態。不錯，圖騰繪畫與圖騰崇拜即宗教崇拜相關，但在圖騰社會中，圖騰崇拜與社會組織發生一個直接不可分離的關係，然而，從河南銅器上所表現出來的，却完全是一種極進步的宗教意識——陰陽主義的思想，雖然這個紋樣多少是從圖騰紋樣中遺傳下來的胎兒，然其所表現出來的意識形態，則純是兩樣。

總之，新石器時代及銅器之黃河流域一帶的文化與藝術都是同一的區域，不過，其中心區域有很顯明的改變罷了：新石器時代的藝術中心正如和文化中心一樣，其地帶是在甘肅，但到了銅器時代時，藝術中心跟着文化中心的遷移，又轉入於河南去了。這個由西北向東南遷移的文化中心，是我國文化演進的路線，史前時代是如此，到了現在亦是如此！

【附註】

（一）參考M.C. Burkit; Prehistory, Chapter XXI.P.P. 287-305

第三節　新石器時代之藝術

新石器時代之中國藝術，分佈的區域極廣，據吾人現在採掘的結果，在吾國西北各地如新疆，青海，寧夏，遼寧及中部如甘肅，山西，陝西，甘肅，河南，乃至沿雲貴邊境亦有新石器文化和藝術之分佈，西北各地，除遼寧外多隸屬於甘肅之代表遺址，中南各地則多隸屬於河南的代表遺址。吾人為避免麻煩與重複起見，今就以河南與甘肅兩個代表遺址，來加以詳細的剖解便夠了，不過，這兩個代表遺址所出土之器物，富有藝術性的，只有陶器一種，其心理模式也在這裏表現得特別明顯，所以，吾人只就以着色陶器為研究新石器時代之中國藝作標準。

新石器時代陶器藝術的遺址，在河南的，有澠池縣之仰韶村及不召寨，河陰縣之秦王寨與池溝寨等地。這些地方以仰韶村出土的爲最多，秦王寨亦算豐富，至於不召寨和池溝寨則似較稀少。這些地方除不召寨復又採得着色陶器外，餘均有許多着色陶器之發現。據安特生博士的報告，這些着色陶器，在山西之保德州，陝西之府谷縣及遼寧錦西縣之沙鍋屯洞穴，皆有發現。

（一）仰韶村之着色陶器有下列數種：

（A）白地紅黑紋之陶片有九三件。

捲邊一四件。

平邊二件。

他種七七件。

（B）紅地陶片共一〇五三件。

捲邊較深者有一四三件——淺紋三二，三角紋八七，狹邊繪者九七，不加色飾的有三七。

捲邊較淺者三八件——淺紋三三，三角紋二，狹邊繪者三，無花紋三〇。

厚邊五〇件——三角紋二四，狹邊繪者一一，其他無花紋者。

平邊七一九件——方格紋一六，幾何紋二五，三角紋五二，他種花紋四〇，捲邊繪者七六，狹邊三一四，餘者無花紋。

色飾陶片四四九件。

不加色飾者有三九五件。

（二）秦王寨之着色陶片：

（A）白地紅黑紋之陶片有二一一件。

無捲邊破片六六件。

平邊破片二九件。

其他破片一一五件。

（B）紅地黑紋八六三件。

捲邊較深者二五九件（二五五有幾何紋，餘無。）

捲邊較淺上有幾何紋者一二件。

平邊二三二件（格文一一，幾何紋一一〇，闊邊紋八，狹邊紋六三，餘無花紋。）

飾色者三二一件（三角文三，其他爲幾何紋。）

不飾色者四三（無花紋者三。）

（C）其他：

（1）灰色陶鈞製大鉢一件。

（2）灰色陶器破片一二件。

（3）其餘有淺色陶鈞製圓鉢，盤狀淺鉢，灰褐粗陶器及淡橙紅色淺鉢多件。

（三）池溝寨着色陶器片一四，破陶器二，均加色繪。全陶器一，其他破片三。

（四）不召寨之無色陶器六。（註一）

紅地之陶器，各有深淺，從淡磚紅色而至暗紫色或棕色不等。有時因爲經過火燒以後，僅外部變色的，而其裏面則仍保存着原有的灰色，秦王寨所發現的尤其是這樣。紅色或棕色的表面，其上花紋多呈露黑色，但亦有變深棕色及暗紫色的，此種爲從遺址中發現的着色陶器極爲普遍的顏色。裝飾極複而又很精細的，則爲褐黃色或紅地加一種特別白色的彩衣，上面綴着紅黑的紋樣。這種陶器則多見於仰韶村及池溝寨。

從河南遺址中所採取的陶器，其藝術方式多爲幾何體的，其紋樣很複雜，如直線，曲線，弧形，S形，螺形，帶形。三角紋則有直邊，凹邊，常自頸作曲線。半圓或全圓之花紋，或單形，集心形，圓盤形或半圓盤形及細長圓形等。其主要的圖形如左：

至於甘肅之藝術區域所採掘之藝術性的器物，仍以陶器爲大宗，今根據發現者安特生博士之報告，將甘肅的藝術，分爲六個時期：

（一）齊家期藝術——這期陶器藝術，大概可分爲三大類：

（A）灰色陶質上綴篾紋或壓成藍紋。

（B）灰色陶質之陶器，多與前項相同，但其領及耳則滿綴着或壓成美麗的花紋。

（C）形式秀麗的薄肉瓶，係淺灰黃色的陶質，牠的領部頗高，表面極爲光滑。

（二）仰韶期藝術——這期的藝術有極可愛之玉瑗數件，但發現者安特生並無詳細的說明，這是極可惜的事。至就陶器藝術來說村落遺址中所發現的大都與河南仰韶村所發現極爲相似，但葬地遺址所發現的則更爲美麗。牠的圖案中有極繁複的花紋爲我們常看不厭的，便是一紅色條紋，下部與上部上夾以黑色條紋，紅紋與兩黑紋的中間，各留着一縫而不施彩色的，其黑紋條之裏邊向中心的紅帶伸出些像鋸齒的紋樣般的，差不多遍於同區域的殉葬陶器，如圖：

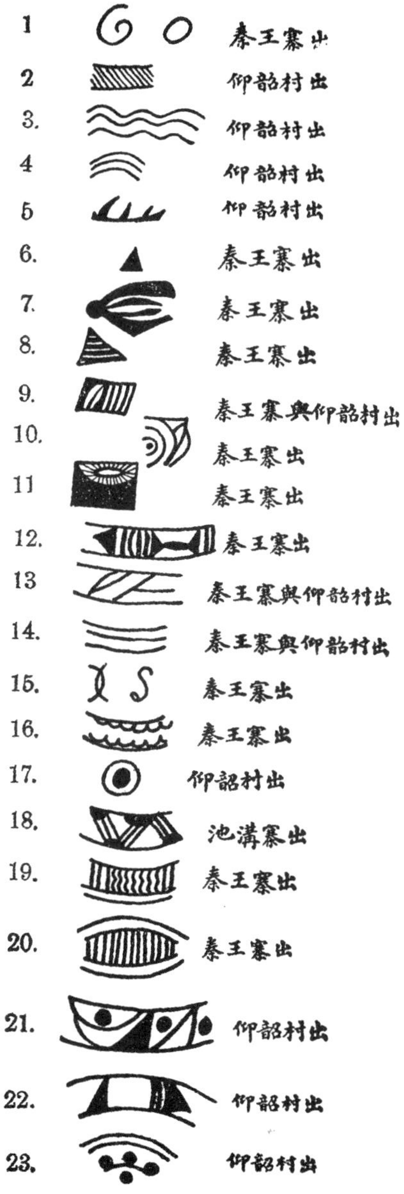

（根據亞恩：河南石器時代之着色陶器所攝之圖形）

（三）馬廠期藝術——這一期發現有兩種陶甕，其較大的，上面所繪的大圈中常常繪有方格的花紋或「之」字條紋，「之」字條紋之轉角處，並見有花紋，作手指的參差狀，就表面的全體圖案加以視察，可以表示出一種流爲習俗的人形花紋。第二種爲小件之器物，近口之全部滿繪着繁複的橫紋，縱紋，斜紋及斜長之橢圓形紋，並在三角之花紋中繪有多數之方格。

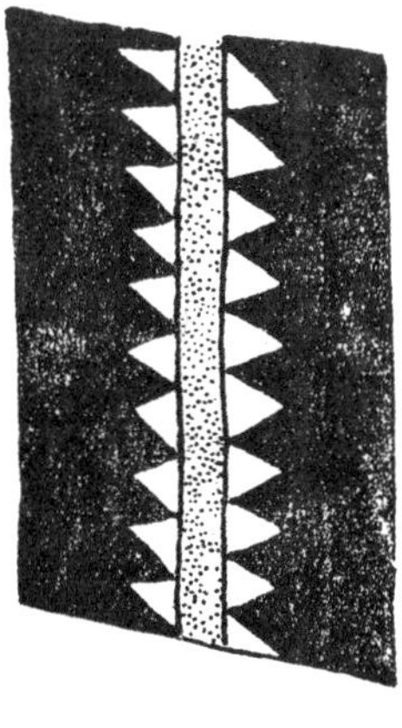

今根據甘肅考古記中把上面三個時期的藝術紋樣，重要的繪於下面：下面所繪的甘肅圖形，多數是幾何體的，但有許多動物繪畫沒有繪上，讀者可看看甘肅考古記中所採集的圖案，動物的圖騰紋樣，如蛇身蛇鱗等等，這一點與河南出土的完全不同。

新石器時代之河南與甘肅之代表遺址，其藝術的紋樣，雖然有多少類似的地方，然其差異之點，亦不可謂不多，這是人類適調不同的環境底結果，如兩者加以比較，新石器時代之藝術，河南是

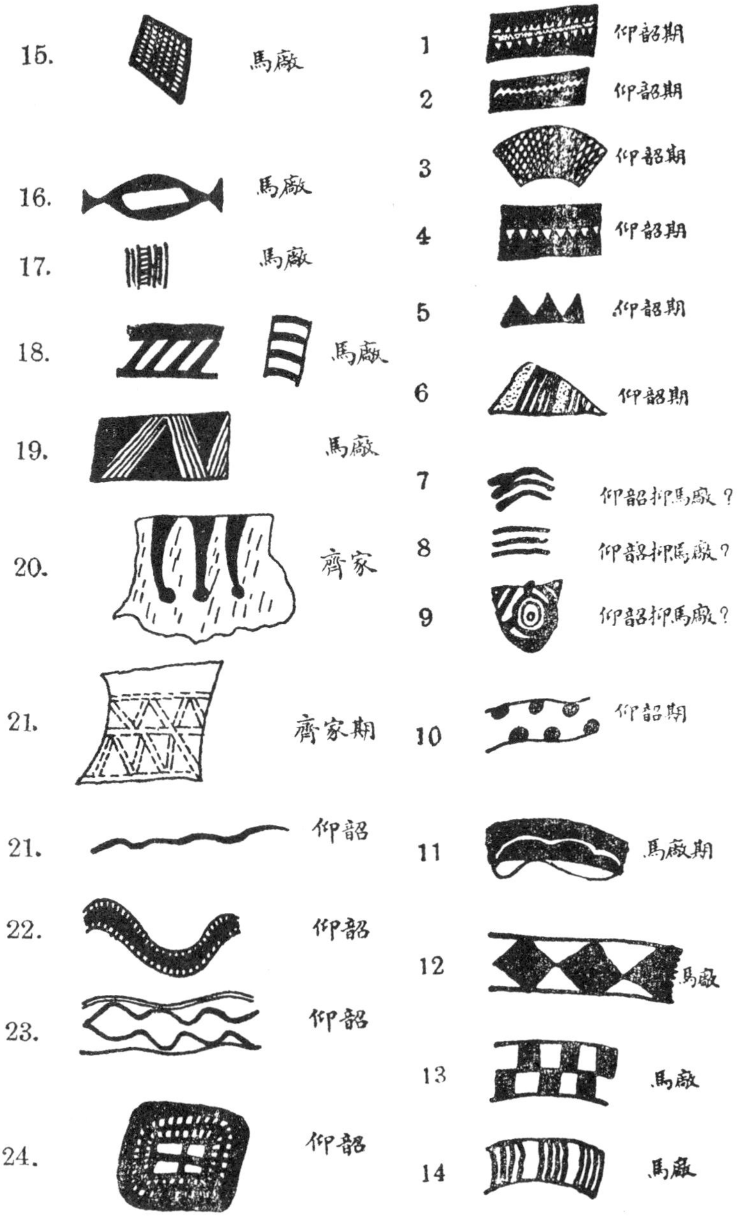
1 仰韶期
2 仰韶期
3 仰韶期
4 仰韶期
5 仰韶期
6 仰韶期
7 仰韶抑馬廠？
8 仰韶抑馬廠？
9 仰韶抑馬廠？
10 仰韶期
11 馬廠期
12 馬廠
13 馬廠
14 馬廠
15. 馬廠
16. 馬廠
17. 馬廠
18. 馬廠
19. 馬廠
20. 齊家
21. 齊家期
21. 仰韶
22. 仰韶
23. 仰韶
24. 仰韶

趕不上甘肅的，以甘肅爲中國新石器時代的藝術中心地帶，無疑是極正確的事。

藝術不只是受生活環境的反映，同時也是人類意識及心理模式的表現，因此，我們欲探究原始時代之原人意識，無疑是我們必須從分析原始藝術之方式爲着手，今就初步分析底結果使吾人得到下列兩個重要的結論：

（一）河南藝術的紋樣，多繪有日、月、星光、等等的物象，如果這是正確的，那我們可以說，河南新石器時代的主要底人類意識爲天體崇拜。（日、月、星光，在原始時代亦有許多部族當作圖。）

（二）甘肅藝術的方式，有許多類似動物的紋樣，特別是蛇的紋樣，據吾人分析的結果，甘肅的齊家期，仰韶期，及馬廠期的藝術區域，所出土的陶器紋樣，幾乎多數有動物圖騰的繪畫，如果這是正確的，則甘肅文化區域的人類主要的心理模式爲動物與圖騰崇拜。

【附註】

（一）參攷 Andersson：中華遠古文化。T.J. Arne：河南石器時代之着色陶器，三頁——六頁

第四節　石銅兼用時代之藝術

石銅兼用時代爲接石器而來，這一個短促的時期，在文化的模式上看，完全是由新石器到銅器時代的過渡期，換言，牠的職司爲繼承前一期的文化，同時孕育着下一期的文化。

藝術爲原始時代文化的最重要的一環，也是許多考古學家人類學家探究原始文化唯一之標準。因此，分析了原始的藝術，同時，對於原始文化之特質便有一個輪廓的了解。現在，只就初步的觀察，以爲這一期的藝術，最重要的還是一種帶有傳遞作用的痕跡。

石銅兼用時代已是接新石器而來，那嗎，表現於這一期的藝術特質複體，無疑也是銜接前一期的方式，特別是初期其藝術方式差不多和新石器末期完全相似。這一時代的藝術，實際上是沒有多人的創造，除了後期郎接近銅器時代那一期，有點創造外，這一期的藝術實在沒有什麼出色引人讚嘆的地方。

吾國石銅兼用時代的藝術遺址發現不多，其特性亦極少，所以一般的文化人類學家考古學家對於這一期的文化極少注意到，這決不是他們之藐視，實在是這一期的文化本身所形成的結果。

今就依據各地發現的成績加以考察，其代表的遺址，仍爲甘肅。甘肅的石銅兼用或紫銅器時代的藝術，據發現者安特生博士的報告，亦可分爲三期。

（一）新店期之藝術——這期陶器上所繪的紋樣，多爲橫行之黑色條紋及細小的波紋，此外亦有顚倒列置之三角紋，其間致成『之』字的縫。又有一種花紋，其上有一條紋，下垂兩個相反之弧線，如『兀』字般的，尤更令我們注意的便是「回紋」（Meander）。這種回紋差不多充滿這一期的各器物。器物上之花紋除上列各種以外，還有小動物之圓形如犬羊般地點綴於重要花紋之間，還有馬形，鳥形，車形，及至人形的紋樣等等。

（二）寺窪期之藝術——這一期的藝術區發現不廣，其中馬安口之單色大陶甕及陶鬲爲這一期的特色，花紋多與前期同。

（三）沙井期之藝術——這一期的藝術方式有點轉變，其中除了陶器藝術外，還有銅器

（紫銅）及綠松石之珠飾藝術等等。其中少數陶器繪有精緻的彩紋，其主要的藝術方式爲直立之三角形及鳥形之橫紋。此等陶器與蘇薩所出土之陶器鳥紋極爲相似，其文化發生了交通作用是無疑的。

吾國石銅兼用時代最引起我們注意的，便是陶器藝術漸爲退化，這大概是文化過渡時期暫時發生衰褪（lag）的狀態。尤更使我們注意的，便是石銅兼用時代的藝術方式，其幾何體漸減少，而寫實體的紋樣反漸漸加多，從這，我們可以證明舊進化論派或莫爾幹學派的幾何體後於寫實體的謬誤。同時，亦可以證明批評派或文化學派之正確。（文化學派巨子高登魏塞（Goldenweiser）以爲藝術之方式因各區域而異，有時幾何體後於寫實體，但有時寫實體却後於幾何體，甚至有些地方兩者同時發生。）

石銅兼用時代之藝術區域除繼承前一期的特質外，則以寫實體及回紋爲這一時代之特徵，從這裏我們可以看出這一時代的藝術乃至文化模式純是一個傳遞之作用，這便是石銅兼用時代對於文化演進上的職司。至於表現於藝術上的心理模式，則除承繼了前期的圖騰崇拜及有點轉化外，沒有特殊的地方可以引起我們注意的。

第五節　銅器時代之藝術

石銅兼用時代之藝術已經簡略地說過了，現在更來看看我國銅器時代之藝術罷。

近年來吾國採掘的結果，對於出土之青銅器極少，就其遺址亦有限，所謂紫銅器代表遺址的甘肅，到現在仍無青銅器之發見，至於山陝各地亦屬渺茫，就有也只有小件之發現，這不能不使我們研究發生困難。但我們決不能說，山陝各地並無銅器遺址及時代的存在，因爲就銅器時代之文化分佈看來，決不至比石器文化來得狹小，這是可以預言的事。因此，吾人深信，如果從事挖掘。將來定有大批的銅器出現無疑。惟使吾人不能不憂慮的，因爲銅器所佔的時間極短，同時又容易受氧化，這許是銅器發現稀少的一個原因，然而我們却不能就因此肯定，山陝等地就沒有發現銅器的時候。

以十餘年來的考古成績，證明山東河南特別是河南爲中國最富銅器時代的遺址。河南爲商殷的廢墟，而殷代又爲中國眞正是銅器的時代，所以牠的廢墟上有大批的銅器出土，自然是意料中的事。

說到中國的銅器時代，我們不能不感謝新近做了叛逆的羅振玉氏，在各家的考證中，他是比較有成績的一個。因爲他又富於古學的智識，所以他對於銅器之估量較之其他更進一層，大概我們可以說，我們對於中國銅器時代之有相當的認識多是他的力量。

銅器時代之藝術是不能和紫銅器或新石器時代之藝術分開的，因爲這一期的藝術乃至文化大部和前兩期的藝術發生一個嚴密的關係，特別是在石銅兼用時代的末期，已經懷孕着銅器時代的文化及藝術的稚形，例如回紋的藝術方式，便是從石銅兼用時代所遺留下來的一個藝術的紋樣，而爲這個時代藝術方式的因素。

銅器時代之繪畫方式多繼承着前一時代，這個特徵，正表明出文化在時代的演進上有一定的路線及遺跡。藝術爲原始文化最具體的表現，而牠在石銅各時代上，細察之，其發明或創造的極爲稀少，而多數是將原有的藝術慢性地擴大，待到了另一個時代則常常有質的變更而爲該時代上的特徵。銅器時代的藝術方式雖然極多，但其最主要的爲「龍」的繪畫。龍爲這個時代藝術的特徵。龍，據我們分析的結果，其方式實際就是石銅兼用時代的回紋演繹出來的，

中國新石器時代乃至石銅兼用時代之回紋與波斯南部之蘇薩及近東各地發生一個極爲密切的關係，這大概都是從中亞分佈到各地的罷。回紋在近東各地沒有發生很大的影響，而在中國却發生了絕大的作用，牠不只是支配了銅器時代的藝術領域，同時還支配了這個時代的文化——爲這時代的文化及心理模式具體的表現。

回紋爲石銅兼用時代藝術的代表模式，到了銅器時代時，爲回紋所演繹出來的「龍」又爲該時代之代表模式。回紋在石銅兼用時代之方式爲  漸漸演進到 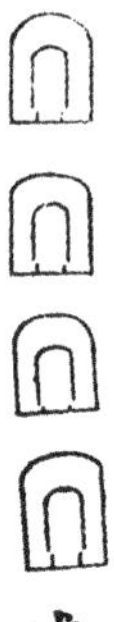 或  而成（龍）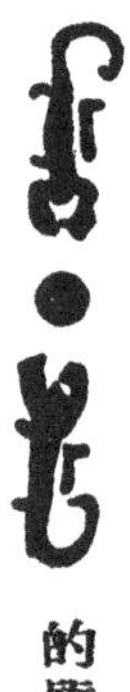 的質底變遷。

回紋是爲蛇的幾何繪畫，這與澳洲土人之蛇底圖騰的象徵繪畫◎實在是差不多，只是其方式有點差異：前者爲方形的，後者爲圓形的。蛇與龍的形象本來就相差不遠，從回紋演變到龍紋當

然是非常可能的事。這顯然是原始藝術從幾何體紋樣演化到寫實體的一個很好的例證。這裏，正反證出舊進化論派（即 Morgan 學派）的藝術演進階段的錯誤，關於這，批評學派的人們已經代我們回答了。

說到由藝術方式所表現出來的心理模式，最主要的自然是「龍。」龍，據我國古書上所記載出來的是最富於變化性的，同時，他又是一種原始人類認爲最神秘的東西，而爲銅器時代的宗教底最重要的典型。銅器時代人類之崇拜龍，及對於龍的觀念，正如二十世紀基督教徒們之崇拜上帝及對於上帝之觀念一樣。基督教在歐洲文化上佔了一個光榮的領域，然而，我國的龍在我國文化上一樣是佔着一個重要的位置，不信且讓我道來。

龍，因爲是神祕性的與變化性的，結果產生了下列數種「怪語」（據易經）：

「潛龍勿用。」（乾初九）

「見龍在田，利見大人。」（乾九二）

「或躍在淵，無咎。」（乾九四）

「亢龍有悔。」（乾上九）

「飛龍在天，利見大人。」（乾九五）

你看「龍」的「神祕」不只是神祕，而且可以支配人的行爲！

龍的變化與神祕，爲銅器時代人類理解宇宙現象的象徵物。因爲龍的行爲，在原始人類看來，正如天地間各種現象一樣令人神祕，令人莫測呵！充塞於宇宙間的萬事萬物，沒有一個靜止的現象：日月的遞嬗，生死，隱顯，乃至花開與花謝，月圓與月缺，等等；無處不是變化，無處不是神祕。支配這個變化與神祕的物體是什麼呢？無疑的，在文化累積薄弱的原人看來，自然是無可形容，「可以會意，而不能目見」的超自然的客體！

然而，自然物中又偏遇着龍的出現。龍的形狀是這樣的令人詫異，龍的行踪是這樣的令人莫測，在原人「神祕」之下，居然把牠拿來當作「超自然力」的具體表現。「龍戰於野，其血玄黃」（坤上六）你看血的玄黃正如宇宙的正色：「夫玄黃者，天地之雜也。天玄而地黃，」這明明是把龍的血當作宇宙的象徵！

從宇宙之神祕，想到龍的神祕，以龍當作超自然的物體，自然是非常可能的事。從這，又演繹出雙龍（一陰一陽）爲創造宇宙的象徵物。我們在商殷銅器中常常看見「雙龍造珠」的圖形來，如：或作這明明又是把龍當作「兩儀」的具體底表現。（後人以兩儀爲天地之解釋，這個論說是修正的。實際上，在銅器時代的原人觀念，以爲凡物體皆是陰陽兩儀所造成，就是天地亦是陰陽兩儀交感成的，換言之，陽陰兩儀創造一切的宇宙間的現象（連社會現象亦在內。）龍是富於變化與神祕性的物體，於是原人當作牠是陰陽兩儀的象徵物。所謂太極生兩儀，兩儀生四象……這個是易傳時代所說的，決不是在商殷人類的意識形態。）

除了「龍」的觀念以外，此地還要說明的，是在銅器時代各器物的頸上（如鐘，鼎之類）及耳上（如爵之類）繪有無數的賦於魔術與宗教性的人頭及各種方式的圖形，從這，我們又可以看出，銅器時代的人類思想仍賦有極濃厚的魔術觀念。

總之，從銅器時代的器物上的藝術反映出來的，大部份都是宗教意識——有系統的宗教觀念，和陰陽主義的宇宙觀！

第九章　結論

中國原始文化，無疑是中亞文化的一環。

漢族是在新石器初期或舊石器末期纔從中亞移動到中國地帶來的，在遷移的時候，便將中亞的文化分播到華族所佔的各地。新石器文化，幾乎與中亞文化是一樣的，但到了銅器時代兩地的文化則漸見歧異，雖然有許多同式的文化，然而這同式的文化已經是漸漸地減少了的，這大概是受地理距離而發生交通阻滯的結果。

「北京猿人」是第四紀第一次間冰期的猿人，與新石器時代的華人並沒有發生過直接的關係，他不是華人的直接祖先，有許多人以爲「北京猿人」是漢族的直接祖先，這無疑是錯誤的。華人的遷入是在新石器時代——

中國新石器時代的物質文化，以陶器爲最主要，特別是在甘肅的陶器爲最優美，牠不只是在中國新石器文化領域中佔統治的地位，而世界各地的陶器文化亦莫能與之倫比但對於石器則反見低劣，這大概是當時生活環境的舒服，而受壓縮的結果。

石銅兼用時代的文化，多是繼承着新石器時代，惟在末期的時候，其文化的創造始有點可觀，然而，這時正是和銅器時代交替的時候，

石銅兼用時代的文化，純是一種過渡的性質，牠是由新石器文化到銅器文化的一個重要的橋梁：一方面承繼着前一時代的文化，同時也孕育着後一時代的文化。

到了銅器時代，其文化漸漸入於創造的時候，他不但結束了石器時代的文化，而且也呈露着鐵器文化的稚形。這時便是殷代。

新石器時代的經濟生活爲漁獵，石銅兼用時代畜牧漸見盛行，而至平行，到了銅器時代的時候，則完全入於遊牧的時代，這只就主要的經濟生活而言。次要的，在新石器時代有畜牧，有些地方亦有農業之發生；石銅兼用農業區域則漸見擴大了；到了銅器時代特別是末期，其農業生活，幾乎駕於畜牧生活之上了。

各時代的經濟生活不同，而建築於經濟生活基礎之上的社會制度亦各有差異：新石器時代的社會組織爲圖騰聯邦制；石銅兼用時代的圖騰制度則漸見解體，而氏族的組織則漸見形成；到了銅器時代，圖騰聯邦制已經完全破壞。代之而起的爲氏族獨裁制度。圖騰與氏族不同，兩者是不能混在一塊的。摩爾根學派的人們，請你們留心留心最近歐美各學者研究原始社會的成績與事實罷。古代社會現在已經是破產了！事實是理論之母，沒有事實基礎的理論，不是理論而簡直是一種幻想！

至於意識形態，此地也只得主要的把牠提出來：圖騰社會時代有圖騰的崇拜與禁忌，其餘動植物之崇拜亦極重要；石銅兼用時代圖騰崇拜仍極盛行；但到了銅器時代則爲祖宗崇拜所代替。銅器時代有一種思想是值得我們注意的，便是陰陽觀念或性的觀念（Sexuolism 恕我創造了這個名辭。）陰陽觀念與圖騰時代之靈魂觀念（Animism）是有差異的，雖然兩者發生母子的關係，但陰陽觀念是進一步的有系統的理解自然與社會的現象。在現在看來，陰陽觀念雖然是極幼稚的原人意識，然而，爲了牠中國纔有支配數千年的禮教之產生——牠是孔門學派的理論底基礎！

這裏，爲便利起見，權將各時代的社會狀況作一個簡略的圖解如下：

中國原始社會演進的階段表

時代	經濟生活	社會制度	意識形態
舊石器時代	？	？	？
新石器時代	正業：漁獵 副業：（一）畜牧 （二）農業	圖騰制度 （圖騰聯邦制）	圖騰崇拜 圖騰禁忌 天體與自然崇拜 由「懼怕」與「神祕」之情緒衝動所形成的宗教觀念
石銅兼用時代	正業：（一）漁獵 （二）畜牧 副業：農業	圖騰與氏族的混合組織	圖騰崇拜與禁忌之殘餘 祭祖之原始（先妣祭祀） 天體之重拜 過渡形態
銅器時代	正業：畜牧 副業：（一）農業 （二）漁獵	氏族制度（氏族狄克推多制）	祖宗崇拜（考妣仝祭） 陰陽定命論 性的辨證法 由情緒衝動轉化到有系統的宗教理解

殷代末年的時候，龜甲文字雖離繪畫文字不遠，然而其文字的記載却大有可觀了，從這時起便結束了原始時代，同時也開始着文明時代的到來。

中國原始社會之探究勘誤表

頁數	行數	誤	正
一三	七	Pilt-down	Piltdown
二八	二	享丁頓	「亨」丁頓
五二	一一	Sicent	Licent
六七	一二	劇下	「遽」下
八三	五	原始之	「之原始」
二七	一二	Kraeber	Kroeber
三〇	九	Robenhau ian	Robenhauian
五九	一〇	與昧	與「味」
八〇	九	黍帝位	「忝」帝位
一五五	九	Sexuolism	Sexualism